Dr. Siegfried Schmitz

Der
Wellensittich
und seine Verwandten

Haltung und Pflege

von Sittichen

und Papageien

Die Deutsche Bibliothek –
CIP-Einheitsaufnahme

Schmitz, Siegfried:
Der Wellensittich und seine Verwandten : Haltung und Pflege von Sittichen
und Papageien / Siegfried Schmitz. –
2., überarb. Aufl. (Neuausg.). –
München ; Wien ; Zürich : BLV, 1996
    ISBN 3-405-14931-2

Zweite, überarbeitete
Auflage (Neuausgabe)

BLV Verlagsgesellschaft mbH
München Wien Zürich
80797 München

© BLV Verlagsgesellschaft mbH,
München 1996

Lektorat: Dr. Friedrich Kögel
Herstellung und DTP: Sylvia Hoffmann
Einbandgestaltung:
Studio Schübel, München
Druck: Appl, Wemding
Bindung: Auer, Donauwörth
Printed in Germany
ISBN 3-405-14931-2

Bildnachweis
Angermayer: 74, 91, 109
Hecker: 7
Lange/Angermayer: 115
Layer: 26, 110, 118
Pforr: 53, 55, 58o, 58m
Reinhard: 1, 6, 12/13, 17, 24, 27, 44, 46,
47, 49, 51, 52, 54, 58u, 60, 62/63, 64, 73,
76, 77, 78, 79, 81, 85, 87, 89, 94, 95, 97,
98, 99, 101, 102/103, 106, 107, 114, 117,
119, 120, 121, 123
Reinhard/Angermayer: 11, 35, 42, 69,
70, 75
Skogstad: 125
Wothe: 2, 10, 29, 40, 67, 82, 83, 93, 124
Ziesler/Angermayer: 32, 112/113
Umschlagfotos: Reinhard Tierfoto
Zeichnungen: Barbara von Damnitz

Inhalt

Einführung

Familie Krummschnabel

Die Überschrift klingt zwar etwas salopp, enthält aber zwei wesentliche Informationen: Zum ersten besagt sie, daß die Papageien im zoologischen System eine Familie bilden, und zum zweiten benennt sie das Hauptcharakteristikum der Familie – den unverwechselbaren großen und krummen Schnabel.

Die Papageienfamilie (Psittacidae) stellt innerhalb der Klasse der Vögel (Aves) eine gut abgegrenzte Einheit dar, die sich so deutlich von allen anderen Gefiederten abhebt, daß sie zugleich eine eigene Ordnung (Psittaciformes) repräsentiert. Sie umfaßt mehr als 320 Arten, die der Zoologe jeweils mit einem wissenschaftlichen Doppelnamen belegt (z. B. *Platycercus eximius* = Rosellasittich). Bei vielen Arten unterscheidet man noch farblich oder sonstwie abweichende Unterarten, die einen dreiteiligen Namen tragen (z. B. *Platycercus eximius ceciliae* = Prachtrosella). Insgesamt beläuft sich die Zahl der Unterarten auf über 800.

Wer diese Vogelvielfalt nomenklatorisch (also hinsichtlich der Na-

Der kräftige und sehr bewegliche Krummschnabel ist ein Hauptmerkmal aller Papageienvögel

Der große Krummschnabel, dessen Hälften unabhängig voreinander bewegt werden können, ist typisch für alle Papageienvögel.

mensgebung) in den Griff bekommen will, ist auf die international verbindlichen wissenschaftlichen Benennungen angewiesen. Die volkstümlichen deutschen Namen (Trivialnamen) sind nicht immer eindeutig und werden zuweilen uneinheitlich verwendet. Wenn ich beispielsweise in einem Buch den Namen »Bourkesittich« und in einem anderen den Namen »Rosenbauchsittich« finde, kann ich beim

Als Sittiche werden allgemein die langschwänzigen Papageienarten bezeichnet

besten Willen nicht wissen, daß es sich um ein und denselben Vogel handelt. Erst die wissenschaftliche Bezeichnung *Neopsephotus bourkii* schafft hier Klarheit. Um Mißverständnisse auszuschließen, werde ich also bei der Besprechung der einzelnen Arten und Unterarten stets auch den wissenschaftlichen Namen angeben.

Da wir gerade bei der Namensgebung sind: Das Wort Papagei hört sich »urdeutsch« an und ist bei uns zu einem jeden Kind geläufigen Synonym für Plapperer geworden, stammt aber mit Sicherheit aus exotischen Sprachen. Schon im Mittelalter war unseren Altvorderen der »papegān« oder »papagay« ein Begriff, der sich vom altfranzösischen »papegai« herleitet. Aber die Ursprünge des Wortes reichen noch weiter zurück, vermutlich ins Arabische (»babaghā«) und Westafrikanische (»pampakei«).

Woher der »Sittich« kommt, ist dagegen klar: aus dem griechischen »psittakos« und dem lateinischen »psittacus« (auch »sittacus«), was soviel wie Papagei bedeutet und der ganzen Familie ihren wissenschaftlichen Namen gegeben hat. Das Wort »psittakos« soll sich übrigens auf den Namen eines Philosophen beziehen – ein Beweis für die hohe Wertschätzung, die diesen klugen Vögeln schon im alten Griechenland entgegengebracht wurde!

Das Nebeneinander von »Papageien« und »Sittichen« soll uns nicht weiter irritieren, denn Papageien im zoologischen Sinne sind sie alle. Es hat sich nur im Laufe der Zeit die wissenschaftlich wenig ergiebige Praxis eingebürgert, die langschwänzigen Papageienarten als Sittiche zu bezeichnen. Auch der allbekannte Wellensittich ist somit ein echter Papagei, auch wenn das vielen Vogelfreunden noch nicht recht bewußt geworden ist.

Überhaupt ist die Papageiensippschaft eine erstaunlich geschlossene Tiergruppe, obwohl sie über ein riesiges Gebiet verbreitet ist, das sich in tropischen und subtropischen Breiten von Amerika über Afrika, Asien und Australien bis nach Neuseeland erstreckt. Nur in Europa haben niemals Papageien gelebt, jedenfalls in den letzten 25 Jahrmillionen nicht mehr. Was die Körpermaße angeht, wirken die Krummschnäbel auf den ersten Blick ganz und gar nicht einheitlich: Es gibt sie in allen Formaten, von Zaunkönig- bis Adlergröße. Gleichwohl stimmen sämtliche Vertreter der Familie Psittacidae in vielen wesentlichen Punkten so auffällig überein, daß selbst der ornithologische Laie einen Papagei auf Anhieb als solchen zu identifizieren vermag. Die wichtigsten Gemeinsamkeiten lassen sich wie folgt zusammenfassen:

▶ Krummschnabel. Dieses Hauptkennzeichen ist eine hervorragende Anpassung an die typische Lebensweise der Papageienvögel. Der stets hakenförmig gekrümmte

Scheitel oder Oberkopf
Hinterkopf
Zügel
Nacken
Stirn
Wange
Wachshaut
Flügelbug
Schnabel
Kinn
Vorderrücken
Kehle
Schulter
Armschwingen
Brust
Unterrücken
Bauch
Fuß
Handschwingen
Steiß
Schwanz

Im Körperbau stimmen sämtliche Papageien grundsätzlich überein

Die Bezeichnungen der Körper- und Gefiederpartien eines Vogels am Beispiel des Wellensittichs.

Oberschnabel kann durch ein am Schädel angebrachtes Spezialgelenk weit nach oben und unten bewegt werden. An der Spitze ist er mit harten Querleisten, den sogenannten Feilkerben, versehen, die zum automatischen Schärfen der Unterschnabelkanten sowie zum Festhalten und Zerraspeln der Nahrung dienen. Der wie eine Kelle ausgebildete Unterschnabel, der über ein eigenes Gelenk verfügt, läßt sich wie ein Schlitten vor- und zurückschieben, was sich für die mechanische Zerkleinerung des hartschaligen Futters als sehr praktisch erweist.

Der Krummschnabel wird jedoch nicht nur beim Nahrungserwerb eingesetzt, sondern erfüllt noch einige andere Funktionen: Papageien benutzen dieses Mehrzweckin-

Die Schnäbel und Füße der Papageien sind vielseitig verwendbare Werkzeuge

Eine Amazone demonstriert die »Handfertigkeit« ihrer Füße.

strument als »dritten Fuß« beim Klettern, als Grabschaufel, als Hobel und Säge, als Waffe zur Abwehr von Feinden und mißliebigen Artgenossen, als Putzkamm zum Strählen des Gefieders und nicht zuletzt als »Massagegerät« zum lustvollen Kraulen des Partners.

▶ Wachshaut. Diese weiche, meist nackte, manchmal auch befiederte Hautpartie auf dem Ansatz des Oberschnabels, in der die beiden runden Nasenlöcher sitzen, kommt zwar auch bei einigen anderen Vögeln (etwa Tauben und Greifvögel) vor, ist aber für die meisten Papageienarten besonders charakteristisch.

Beim Wellensittich kann man an der Färbung der Wachshaut das Geschlecht ablesen.

▶ Dickkopf. Papageien haben in der Regel einen auffallend großen Kopf, bedingt durch den kräftigen Schnabel und die dicke, muskulöse Zunge sowie die dazugehörigen Bänder und Muskeln. Dadurch erscheinen die Vögel etwas »kopflastig«, was sie aber durch ihre typische senkrechte Körperhaltung geschickt ausgleichen; dabei kommen ihnen die großen Füße und die kurzen, stämmigen Beine sehr zustatten.

▶ Greiffüße. Kaum ein anderer Vogel kann so gewandt klettern wie ein Papagei. Das liegt nicht nur

Exotische Farbenpracht bei einem Rosellasittichpaar. Das Weibchen (links) ist etwas unansehnlicher.

Ihre große Faszination verdanken die Papageien nicht zuletzt ihrem farben-prächtigen Gefieder

daran, daß er seinen Hakenschnabel als zusätzliche Kletterhilfe einsetzt, sondern auch an seiner spezifischen Zehenstellung. Bei den allermeisten Gefiederten sind drei Zehen nach vorn und eine nach hinten gerichtet, bei den Papageien hingegen weisen die zweite und dritte Zehe nach vorn und die erste und vierte nach hinten. So entsteht eine Greifzange, die sich ausgezeichnet zum Klettern und Klammern eignet.

Unter den Papageien finden sich im übrigen die einzigen Vögel, die ihre Nahrung regelmäßig in die »Hand« nehmen und zierlich zum Schnabel führen. Tiervater Brehm, um plastische Vergleiche nie verlegen, hat deshalb die Papageien zu Recht als »die befiederten Affen des Waldes« bezeichnet.

▶ Gefiederpracht. Exotische Farbenfülle ist ein Kennzeichen fast aller Papageienarten und macht deren besondere Attraktivität für den schönheitsliebenden Vogelhalter aus. Von wenigen Ausnahmen abgesehen, tragen die Krummschnäbel ein herrlich buntes Federkleid, das in vielen Farben des Regenbogens schimmert, und manche zudem eine aparte Federhaube, die nicht nur hübsch anzusehen, sondern auch als Stimmungsbarometer von Bedeutung ist.

▶ Geselligkeitstrieb. Papageien sind sehr soziale Lebewesen, die in der freien Natur immer nur in mehr oder weniger großen Scharen auftreten, die bisweilen aus Zehn-, ja Hunderttausenden von

Individuen bestehen. In der Brutzeit sondern sich zwar die monogam veranlagten Pärchen von der Masse ab, um in vorgefundenen Höhlen oder selbstgebauten Nestern eine Familie zu gründen, aber auch das Brutgeschäft wird meist in Gesellschaft von Artgenossen betrieben.

▶ Intelligenz. Daß die Krummschnäbel, gemessen am Vogeldurchschnitt, ungewöhnlich intelligent und gelehrig sind, steht für jeden Papageienliebhaber fest,

Papageien sind ungewöhnlich gesellige Vögel, die den Menschen bereitwillig als Ersatzpartner akzeptieren

Der Geselligkeitstrieb ist bei allen Papageien stark ausgeprägt. Das Foto zeigt verschiedene Arten und Zuchtformen von Unzertrennlichen.

läßt sich jedoch auch anatomisch begründen, nämlich mit den relativ höchsten Gehirngewichten in der gesamten Vogelwelt. Unbestritten ist, daß die Lern- und Merkfähigkeit, das Assoziations- und Nachahmungstalent bei den Papageien sehr hoch entwickelt sind. Damit hängt zusammen,
• daß sich die geistig beweglichen Vögel durchweg leicht an veränderte Lebensumstände anpassen können, also schnell zahm und zutraulich werden,

• daß sie über ein reiches Repertoire von Verhaltensformen verfügen, die uns vielfach so einsichtsvoll oder drollig anmuten,
• und daß sie zum »Spotten« neigen, wie der Fachmann die spielerische Imitation von nicht arttypischen Lauten nennt, zu denen auch die menschliche Sprache gehört.

Viele Arten sind »sprachlich« sehr begabt und deshalb als Hausgenossen so beliebt

13

▶ **Lautäußerungen.** Als gesellige Vögel haben die Papageien das natürliche Bedürfnis, sich durch Lautäußerungen zu verständigen und miteinander Kontakt zu halten. Das tun sie leider nur sehr selten in gepflegtem Konversationston, sondern durchweg mit aufgeregtem Geschwätz, Gekreisch und Geschrei. Papageiische Naturlaute, die in unseren Ohren angenehm klingen, sind rare Ausnahmen; von lieblichem Gesang kann selbst beim sogenannten Singsittich kaum die Rede sein. Die Lautstärke verhält sich im allgemeinen proportional zur Körpergröße.

▶ **Langlebigkeit.** Die hohe Lebenserwartung der Papageien ist sprichwörtlich, aber relativ. Kleine Arten wie etwa der Wellensittich kommen über das Teenager-Alter nicht hinaus, während mittelgroße und große Formen so alt werden wie ein Durchschnittsmensch – oder noch älter. Bei vereinzelten Aras, Kakadus und Amazonen ist ein biblisches Alter von 100 und mehr Jahren verbürgt.

Den letztgenannten Punkt und auch die anderen Merkmale und Eigenschaften, die ich hier aufgezählt habe, sollten Sie selbstkritisch bedenken, bevor Sie sich zur Anschaffung eines Papageis entschließen. Das knappgefaßte Familienporträt läßt immerhin ahnen, welche Ansprüche diese faszinierenden Vögel an ihren Pfleger stellen und mit welchen Problemen er gegebenenfalls rechnen muß.

In puncto Langlebigkeit zählen manche Papageienarten zu den Rekordhaltern im Tierreich

Papageien als Hausgenossen

Die Papageienliebhaberei hat eine lange Tradition. Schon im 4. vorchristlichen Jahrhundert brachte Alexander der Große die ersten Papageien, die bis heute Alexandersittiche heißen, aus Indien nach Europa. Doch erst in den nachfolgenden Jahrhunderten, zumal in der römischen Kaiserzeit, wurden Papageien regelmäßig aus Asien eingeführt. Der Umgang mit den anhänglichen und gelehrigen Vögeln entwickelte sich in der feinen und leicht dekadenten römischen Gesellschaft zu einer regelrechten Mode, die der gestrenge Sittenrichter Cato heftig beklagte: »O unglückliches Rom, in was für Zeiten bist du geraten, da selbst die Männer Papageien auf der Hand tragen!«

Papageien waren teurer als Sklaven und wohnten in kostbaren Käfigen aus Elfenbein und edlen Metallen. Viel törichter Snobismus war hier sicherlich im Spiel, aber auch viel echte Zuneigung, wie die herrlichen Gedichte bezeugen, die große antike Dichter wie Ovid oder Statius auf ihre gefiederten Lieblinge geschrieben haben.

Der zweite größere »Importschub« setzte im Mittelalter ein: Die Kreuzfahrer und die international tätigen Kaufleute holten neben anderen exotischen Naturprodukten auch immer mehr Papageienvögel ins Abendland – freilich fast ausschließlich asiatische Arten.

Der Stauferkaiser Friedrich II. (1194–1250), der mit seinem berühmten Falkenbuch die wissenschaftliche Vogelkunde begründete, soll bereits damals einen Weißhaubenkakadu von den Molukken besessen haben, ein Geschenk des Sultans von Babylon.

Den größten Aufschwung nahm der Handel mit Papageien im Zeitalter der Entdeckungen, das im 15. Jahrhundert begann. Nach und nach wurden jetzt auch die afrikanischen, amerikanischen und australischen Vertreter der Papageienfamilie für die Wissenschaft und für die Vogelliebhaberei erschlossen. Diese Entwicklung, die bis in die ersten Jahrzehnte unseres Jahrhunderts unvermindert anhielt, ist Fortschritt und Rückschritt zugleich.

Einerseits wurde die Haltung von exotischen Vögeln durch eine unbestreitbar humanere Einstellung zu unseren tierischen Mitgeschöpfen, durch moderne technische Hilfsmittel und durch verhaltensbiologische, genetische und tiermedizinische Erkenntnisse nachhaltig verbessert. Andererseits haben die Papageienbestände fast überall auf der Welt durch ihre leichte Verfügbarkeit, durch die offenbar unausrottbare Profitgier, Sammelwut und Dummheit des Menschen und durch die fortschreitende Lebensraumzerstörung erheblichen Schaden genommen. Der Anhang I des Übereinkommens über den internationalen Handel mit gefährdeten Arten

(vgl. S. 39) verzeichnete 1992 bereits 42 Papageienarten und -unterarten, d.h. solche, die von der Ausrottung bedroht sind.

Für uns verantwortungsbewußte Vogelfreunde bedeutet das: Wir müssen uns die vorgenannten Errungenschaften des Fortschritts zunutze machen und dafür sorgen, daß der Rückschritt nicht noch mehr Unheil anrichtet. Wer Papageien pflegen will, muß ihnen in Gefangenschaft bestmögliche Lebensbedingungen bieten, und er sollte sich tunlichst nur an solche Arten halten, die hierzulande für Liebhaberzwecke gezüchtet werden. Legal eingeführte seltenere Papageien gehören in die Hände von erfahrenen, fortgeschrittenen Vogelhaltern, die Nachzuchten anstreben, und illegale Importe, die bedauerlicherweise keine Seltenheit sind, kommen für uns sowieso nicht in Betracht.

Anschaffung

Ein Neuling in der Kunst der Papageienhaltung sollte klein anfangen – nicht mit einem Ara oder Graupapagei, sondern mit einem Wellensittich, allenfalls mit einem Nymphensittich oder einem Agapornidenpärchen. Das ist ein Gebot der praktischen und ethischen Vernunft. Großpapageien sind nicht nur sehr teuer und verlangen eine aufwendige Unterkunft, sie überfordern meist auch die tierpflegerischen Fähigkeiten eines Anfängers. Auch wenn Geld bei Ih-

Im Sinne des Artenschutzes sollte man möglichst nur Vögel erwerben, die hierzulande gezüchtet worden sind

15

Erfreulicherweise gibt es inzwischen Nachzuchten von allen gängigen Arten

nen keine Rolle spielt, sollten Sie sich bescheiden – im eigenen Interesse und im Interesse der Tiere. Wenn Sie fest gewillt sind, Ihr Leben mit einem gefiederten Hausgenossen zu teilen, dann stehen Ihnen verschiedene Möglichkeiten offen. Der einfachste und direkteste Weg führt ins nächste Zoofachgeschäft oder in die Zooabteilung eines großen Kaufhauses, wo Wellen- und Nymphensittiche in größerer Auswahl und wahrscheinlich auch noch einige andere Arten erhältlich sind. Überstürzen Sie den Kauf nicht, sondern nutzen Sie die nicht zu unterschätzende Möglichkeit, das Angebot vergleichend zu prüfen, den auserkorenen Vogel eine Zeitlang zu beobachten, um seine Tauglichkeit und seinen Gesundheitszustand festzustellen, und sich vom (hoffentlich) sachkundigen Verkäufer beraten zu lassen. Denken Sie gegebenenfalls auch an die notwendige CITES-Bescheinigung (vgl. S. 39).

Als zweite und vor allen Dingen sehr empfehlenswerte Erwerbsmöglichkeit wäre der Direktkauf bei einem Züchter zu nennen. Das hat den Vorteil, daß die Preise meist etwas günstiger und die Vögel besonders wohlgeraten und liebevoll aufgezogen sind, sofern man einen echten Liebhaberzüchter vor sich hat. Ein gewisser Nachteil liegt darin, daß sich züchtende Privatleute im allgemeinen nur mit einer bestimmten Papageienart befassen und die Auswahl dementsprechend begrenzt ist. Adres-

sen, an die man sich wenden kann, erfährt man durch einen Anruf beim örtlichen Vogelzuchtverein oder auch auf den Vogelausstellungen oder »Zuchtschauen«, die alljährlich, meist im Herbst, in fast jeder Stadt oder größeren Gemeinde stattfinden. Hier können Sie übrigens den gewünschten Vogel oft auch an Ort und Stelle von einem der anwesenden Züchter erwerben, die einen Teil ihrer womöglich gar preisgekrönten gefiederten »Exponate« gerne und recht preiswert abgeben.

Die dritte Möglichkeit ist der Fernkauf, entweder bei einem zoologischen Versandgeschäft oder bei einem privaten Züchter. Ein vielfältiges Angebot entdeckt man in den einschlägigen Zeitschriften (»Geflügel-Börse«, »Die gefiederte Welt«, »Die Voliere« und andere). Es lohnt sich, einmal die neueste Nummer zu kaufen und den Anzeigenteil daheim zu studieren. Die Anzeigen oder Verkaufslisten sind allerdings für den Uneingeweihten bisweilen ziemlich unverständlich. Was soll er beispielsweise davon halten, wenn da steht: »1,1 Personata«? Nun, das ist eine Geheimformel der Vogelhändler und -züchter und heißt im Klartext: ein Paar (1,0 = Männchen oder Hahn, 0,1 = Weibchen oder Henne, also 1,1 = Paar) Schwarzköpfchen (*Agapornis personata personata*, kurz »Personata«).

Zur Kennzeichnung der Geschlechter benutzt man – vor allem in der Fachliteratur – häufig auch

Diese Nymphensittiche haben nicht nur einen idealen Käfig, sondern auch eine ebenso ideale »Bezugsperson«.

die Symbole ♂ und ♀. Die hat wohl jeder schon dutzendmal gesehen, aber man kann sie nie auseinanderhalten, weil sie sich so verflixt ähnlich sehen. Dabei ist es ganz einfach, wenn man weiß, was die Zeichen bedeuten sollen: Das erste stellt den Schild und den schräg hervorragenden Speer des Kriegsgottes Mars dar, und das zweite ist ein typisch weibliches Sinnbild, nämlich der Handspiegel der Venus.

Unterbringung

Schon vor dem Erwerb eines Vogels oder spätestens gleichzeitig muß man auch ein komplett eingerichtetes Vogelheim erstehen. Ein <u>Käfig</u> ist die gängige, wenn auch nicht die einzige Lösung des Wohnungsproblems. Einen Einheitskäfig gibt es angesichts der Formenfülle der Papageienarten freilich nicht. Abmessungen und sonstige Beschaffenheit der Be-

Jeder Krummschnabel braucht eine Behausung, die seiner Größe und seinem Bewegungsdrang angemessen ist

Ein Papageienkäfig sollte möglichst kastenförmig und sehr stabil sein

hausung richten sich nach der Größe, dem Temperament und der Schnabelkraft der Insassen.

Wellensittiche begnügen sich schon mit einem relativ kleinen Domizil, das aus einer Kunststoffschale und einem abnehmbaren Drahtgehäuse besteht. Empfohlene Mindestmaße: Länge 50–60 cm, Breite 30–35 cm, Höhe 40–45 cm. Solche Vogelfertighäuser sind in großer Auswahl in jedem Zoogeschäft oder Kaufhaus zu haben. Kaufen Sie aber nicht den billigsten, sondern nach Möglichkeit den geräumigsten und am solidesten verarbeiteten Käfig, denn es ist schließlich eine Anschaffung fürs (Vogel-)Leben! Mittelgroße Papageien, etwa Nymphensittiche oder Unzertrennliche, brauchen eine etwas größere Behausung und bevorzugen ein Hochformat.

Die großen Arten (Großsittiche, Kakadus und Aras) stellen noch weit höhere Ansprüche an ihre Unterkunft. Sie benötigen unbedingt einen speziellen (und teuren) Papageienkäfig mit einer Grundfläche von etwa einem Quadratmeter und entsprechender Höhe. Neben den richtigen, artgerechten Abmessungen sind beim Kauf eines Käfigs noch einige andere Punkte zu beachten:

▶ Ideal ist die schlichte Kastenform. Runde oder kugelförmige Käfige sehen zwar oft schöner aus, sind aber aus der »Vogelperspektive« unzweckmäßig, weil sie zu wenig Flugraum bieten.

▶ Achten Sie darauf, daß die Gitterstäbe nicht senkrecht, sondern waagerecht verlaufen und so eine Leiter bilden, an der die Krummschnäbel ihrer Kletterlust frönen können.

▶ Für die Gitter kommen nur stabile, rostfreie Metallstäbe in Frage, die je nach Bewohner mehr oder weniger stark sind und sauber verlötet oder – bei Großpapageien – punktverschweißt sein sollten. Blankverchromter Draht erzeugt unangenehme Reflexe, die den Einblick stören und die gefiederten Insassen irritieren. Vorzuziehen sind deshalb dunkel matt gesinterte Drähte. Wenig tauglich sind dagegen plastikummantelte Stäbe, die von den Krummschnäbeln unweigerlich beknabbert werden – oft mit unerfreulichen Folgen.

▶ Sehr wichtig sind gut schließende Türchen, vor allem für größere Arten. Wer einmal gesehen hat, wie geschickt Papageien mit ihrem Schnabel umzugehen wissen, wird diesen Rat nicht in den Wind schlagen und verstehen, warum manche Papageienhalter die Käfigtüren zusätzlich mit einer Klammer oder gar einem kleinen Vorhängeschloß sichern.

Die Inneneinrichtung wird bei handelsüblichen Käfigen gleich mitgeliefert: Sitzstangen, Näpfchen, vielleicht auch ein Leiterchen oder eine Schaukel. Diese Grundausstattung ist durchaus brauchbar, läßt sich aber mit geringem Aufwand verbessern. Mein Vorschlag:

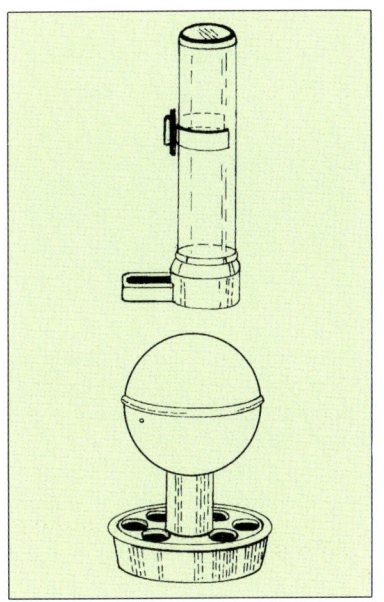

Zwei praktische Trinkautomaten
für Käfig und Voliere.

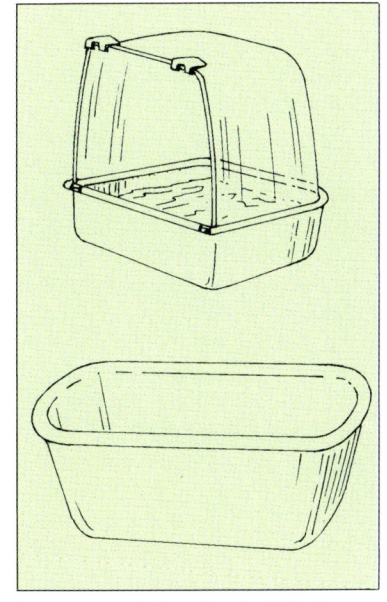

Badegelegenheiten für die Käfigtür
und den Käfigboden.

Verwenden Sie die Näpfchen, die vom Hersteller für Futter und Trinkwasser bestimmt sind, ausschließlich als Futterbehälter, und kaufen Sie zusätzlich für wenig Geld einen kleinen Trinkautomaten, der zwischen zwei Gitterstäbe eingeklemmt wird. So reicht der Futter- und Wasservorrat etwas länger, und außerdem kann das Trinkwasser nicht so leicht verschmutzen.

Die langweiligen Sitzstangen aus Holz oder Plastik ersetzen wir am besten sofort durch passend zurechtgeschnittene Zweigstücke in der richtigen Stärke: Sie müssen so dick sein, daß der Vogelfuß sie bequem und fast vollständig umfassen kann. Zweige bringen nicht nur einen Hauch von Natur in das Gebilde von Menschenhand, sie sind auch »vogelgerechter«, denn sie bieten den Insassen Gelegenheit, ihre Schnäbel und Krallen auf naturgewollte Weise zu benutzen und abzunutzen. Daß die Zweigstücke erneuert werden müssen, bevor sie gänzlich zu Spänen verarbeitet worden sind, versteht sich von selbst.

Nicht zur serienmäßigen Ausstattung des Käfigs gehört der Bodenbelag, den wir in Form einer großen Packung Vogelsand gleich mit erstehen. Hier dürfen Sie we-

Statt der üblichen Sitzstangen kann man passend zurechtgeschnittene Zweigstücke verwenden

19

der an der Quantität noch an der Qualität sparen. Kaufen Sie eine gute, nicht zu feinkörnige Sandmischung, die neben Quarz auch Mineralstoffe enthält, und bedecken Sie den Käfigboden mit einer dicken Schicht (etwa 1 cm). Der Sand federt die Hüpfbewegungen der Vögel ab und dient diesen als Verdauungshilfe. Sie picken nämlich nicht nur Mineralien auf, sondern auch Sandkörnchen und winzige Steinchen, die ihnen das Zerkleinern der harten Nahrung im Magen erleichtern.

Papageien sind zwar oft ziemlich wasserscheu, aber eine Badegelegenheit ist ihnen dennoch willkommen. Bevor Sie jedoch ein Vogelbad kaufen, probieren Sie aus, ob sich die Anschaffung lohnt. Stellen Sie dem Neuankömmling in den ersten Tagen eine flache Schale mit handwarmem Wasser in den Käfig, und warten Sie ab, ob sie angenommen wird. Wenn ja, besorgen Sie am besten ein richtiges, geschlossenes Badehäuschen aus Kunststoff, das in die offene Käfigtür eingehängt wird. Wenn nicht, greifen wir zu einer Blumensprühflasche, wie sie wohl sicher in jedem Haushalt vorhanden ist, und überbrausen den Vogel in regelmäßigen Abständen mit dem sonst verschmähten Naß. Das gefällt ihm bestimmt.

Wer seinen gefiederten Freunden eine noch artgerechtere Behausung bieten möchte, entscheidet sich von vornherein für eine geräumige Voliere. Sie kommt in zwei

Manche Papageien baden gern, andere zeigen sich oft ein wenig wasserscheu

Bastelvorschlag für eine Zimmervoliere

Die Voliere mit einer (angenommenen) Grundfläche von 150 x 150 cm wird am zweckmäßigsten in eine Zimmerecke eingebaut und nutzt den verfügbaren Raum vom Boden bis zur Decke voll aus. Das hat den Vorteil, daß wir nur zwei Wände aus drahtbespannten Rahmen benötigen. Diese beiden Rahmen mit den Maßen 150 cm x Zimmerhöhe werden aus etwa 4 x 4 cm starken Vierkantleisten aus Hartholz gefertigt. Auf der Innenseite der Rahmen befestigen wir mit kleinen Krampen oder einem Tacker ein exakt zugeschnittenes, festes, möglichst punktgeschweißtes Drahtgeflecht (erhältlich im Spezialgeschäft). Etwas kompliziert wird die Sache nur dadurch, daß wir in eine »Wand« eine kleine Tür einarbeiten müssen, die uns in gebückter Haltung den Zugang zur Voliere gestattet. Aber das ist gar nicht so schwierig, wie ich aus Erfahrung bestätigen kann.

Die fertigen Rahmen werden dann mit ein paar Winkeleisen, Dübeln und Schrauben in die vorgesehene Ecke eingepaßt. Um den kostbaren Parkettboden zu schonen, bringen wir die Befestigungen nur an der Decke und an den Seiten an. Als zusätzlichen Schutz vor Verschmutzung sollte man an den Unterkanten außen etwa 15 cm breite Bretter anschlagen. Den Volierenboden legen wir mit einer dicken Plastikfolie aus, die an allen Seiten einige Zentimeter übersteht und aufgebogen wird. Darauf kommt ein dicker Belag aus Sand oder einem Sand-Erde-Gemisch. Die Kletter- und Sitzgelegenheiten für die Vögel bestehen aus Naturzweigen oder, besser noch, einem Kletterbaum, wie ich ihn auf Seite 22 beschrieben habe. Wenn die Voliere in einer dunklen Ecke steht, sollte man sie mit einer Deckenbeleuchtung (Neonröhre oder Energiesparlampe) ausstatten.

Eine selbstgebastelte Zimmervoliere kann zu einem Prunkstück in der Wohnung werden

Wellensittiche und andere robuste Arten fühlen sich in einer Freivoliere besonders wohl

Versionen vor: als Zimmer- und als Frei- oder Gartenvoliere. Zimmervolieren unterschiedlicher Größe sind als Fertighaus oder als Bausatz im Fach- und Versandhandel erhältlich. Sehr zu empfehlen ist ein »fahrbarer Untersatz«. Dann können Sie die Voliere auf Rollen oder Rädern für Reinigungszwecke leicht verschieben und während der schönen Jahreszeit auf den Balkon, auf die Terrasse oder sogar in den Garten kutschieren. Wer ein bißchen handwerkliches Geschick mitbringt, kann sich eine noch schönere Voliere nach Maß – und für sehr viel weniger Geld – selber bauen (s. Kasten auf S. 20/21).

Eine Freivoliere, ein luftiges Vogelhaus im Grünen, ist wohl der Traum eines jeden fortgeschrittenen Liebhabers, der wenigstens einen kleinen Garten sein eigen nennt. Gerade die widerstandsfähigen Papageien eignen sich recht gut für den Freilandaufenthalt. Wellensittiche und manche andere Arten können sogar das ganze Jahr über draußen bleiben, sofern sie über einen warmen Schutzraum verfügen, in den sie sich bei großer Kälte oder Dauerregen zurückziehen können.

In der einfachsten Form besteht die Freivoliere aus einem offenen verdrahteten Flugraum und einem ein- oder angebauten Schutzraum mit guter Wärmeisolierung. Der Flugraum wird aus einem stabilen, mit starkem Drahtgeflecht bespannten Metallgerüst errichtet. Das Geflecht muß mindestens 40–50 cm tief in die Erde versenkt werden, damit nicht vogelmörderische Raubtiere sich unten durcharbeiten können. Noch besser ist ein ebenso tiefer Betonsockel. Zum Schutz gegen umherstreunende Katzen, die von einer bewohnten Voliere magisch angezogen werden, verdoppelt man am besten rundum das Geflecht, damit die Katzentatzen nicht hineinlangen und einen arglosen Vogel von der Stange holen können.

Alles übrige sei dem Erfindungsreichtum und dem Geschick des Vogelfreundes überlassen, denn wenn er schon so weit ist, sich eine Voliere bauen zu wollen, wird er auch wissen, wie er das anzustellen hat. Im übrigen gibt es einige Bücher mit erprobten Bauanleitungen. Ungeübte können sich von einschlägigen Firmen vorgefertigte Volierenbauteile kommen lassen, die nur zusammengesetzt und verschraubt werden müssen.

Von Natur aus sind die allermeisten Papageien Baumbewohner Richtige Bäume können wir unseren Vögeln in der Wohnung leider nicht bieten, wohl aber eine Baumimitation, einen sogenannten Kletterbaum, der schnell hergestellt ist. Man nehme eine flache Holzkiste mit möglichst großer Bodenfläche (falls nicht vorhanden, kann man sie aus einer Spanplatte und vier Leisten in wenigen Minuten zusammennageln). In die Mitte kommt ein etwa mannshoher abgestorbener, kahler Baum oder ein ebensolcher stark verzweigter

Größere Papageien, die hinreichend zahm sind, fühlen sich auf einem solchen Kletterbaum besonders wohl. Sie dürfen aber nur unter Aufsicht auf ihm herumturnen und werden abends wieder in ihren Käfig verfrachtet.

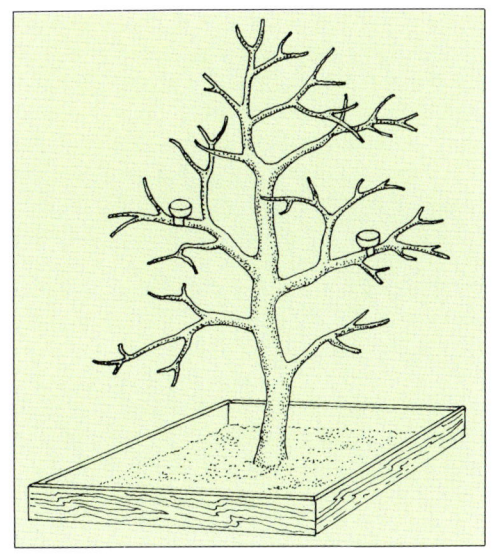

Ast, der von unten mit einer kräftigen, langen Holzschraube befestigt wird. Die Zweige müssen so weit gekappt werden, daß sie nicht über die Ränder der Kiste hinausragen; so verhindern wir, daß Vogelkot die Umgebung verschmutzt. Zum Schluß wird die Kiste mit einer dicken Schicht Vogelsand oder mit einem Sand-Erde-Gemisch gefüllt. Fertig!

Ein Großstadtbewohner, der keinen (legalen) Zugang zu Bäumen und Ästen hat, kann sich mit unterschiedlich starken Rundhölzern behelfen, notfalls mit ausgedienten Besenstielen. Man sägt die Stangen in passende Stücke, die über Kreuz an einen kräftigen Mittelstab angeschraubt werden.

Selbstverständlich taugt ein solcher Kletterbaum nicht als Daueraufenthalt; über Nacht sperren Sie Ihren gefiederten Kletterkünstler aus Sicherheitsgründen wieder in seinen Käfig. Der Baumersatz eignet sich auch nicht für alle Papageienarten, sondern nur für die größeren unter ihnen. Sie müssen zudem zahm sein, denn sonst besteht die Gefahr, daß der Vogel, der auf dem Kletterbaum seinen »Urlaub auf Ehrenwort« verbringt, bei der erstbesten Gelegenheit davonfliegt und an den Möbeln seine Schnabelfertigkeit ausprobiert.

Wer seinem Krummschnabel in dieser Hinsicht nicht recht traut, dem bleibt nichts anderes übrig, als ihn anzuketten oder ihm einen Flügel (nicht beide!) so zu beschneiden, daß ihm das Fliegen vergeht. Beide Maßnahmen widerstreben einem wahren Tierfreund, und außerdem ist die Fesselung nicht ungefährlich. Selbst wenn

Papageien klettern gern mit Schnabel und Füßen und freuen sich über einen echten oder künstlichen Kletterbaum

die am Vogelfuß angebrachte Kette durch Wirtel vor dem Verwinden geschützt ist, kann sie sich leicht verheddern. Wir dürfen also einen angeketteten Papagei grundsätzlich nur unter Aufsicht auf seinem Kletterbaum herumturnen lassen.

Ernährung

Hier kann ich mich kurz fassen, denn in puncto Ernährung sind die sonst so hochentwickelten Papageienvögel erstaunlich anspruchslos. Das tägliche Brot der in diesem Buch behandelten Arten ist Körnerfutter, wie es in jedem Zoogeschäft und in den meisten Supermärkten abgepackt zu haben ist. Man muß nur darauf achten, daß man die richtige Sorte erwischt.

Grundsätzlich sind drei verschiedene Mischungen im Handel: eine für Wellensittiche, eine zweite für Kleinpapageien und größere Sittiche (z. B. Nymphensittiche oder Unzertrennliche) und eine dritte für Großpapageien und -sittiche (von Amazonen bis Aras). Bei Qualitätserzeugnissen können wir sicher sein, daß die Futtermischungen nach wissenschaftlichen Erkenntnissen optimal zusammengestellt werden und alle Bestandteile enthalten, die unsere gefiederten Freunde für ihr leibliches Wohl benötigen.

Man kann Papageien ausschließlich mit einem guten Fertigfutter über lange Zeit gesund und munter erhalten. Doch ein bißchen Abwechslung erfreut auch den genügsamsten Krummschnabel. Reichen Sie ihm deshalb regel-

Da die Krummschnäbel fast ausnahmslos Körnerfresser sind, ist die Ernährung recht unproblematisch

Der Edelpapagei (*Lorius roratus*) aus Australien ist ein seltener Gast bei uns, doch auch er wird bald zahm und nimmt Leckerbissen aus der Hand entgegen. Nur das Weibchen trägt ein so hinreißend schönes Federkleid; das Männchen ist ausnahmsweise viel unscheinbarer grün gefärbt.

mäßig in kleinen Mengen etwas Frischkost, die leicht zu beschaffen ist: Grünzeug in Form von Löwenzahnblättern und -blüten, Vogelmiere, Wegerich, Rispengras, Salat usw., außerdem Obst und Beeren (fast) aller Art, zum Beispiel Äpfel, Birnen, Bananen, Orangen, Möhren, Gurken, Weintrauben, Himbeeren, Erdbeeren usw., alles schnabelgerecht kleingeschnitten. Es versteht sich von selbst, daß alle diese begehrten Beilagen frisch, sauber und absolut frei von Schadstoffen sein müssen.

Auch wenn die Sitzstangen aus naturbelassenem Holz bestehen, sollten Sie hin und wieder einen frischen Obstbaumzweig offerieren. Er wird mit sichtlicher Wonne benagt, was nicht nur der Schnabelpflege dient, sondern auch dem Vogelmagen wertvolle Spurenelemente zuführt.

Der reichsortierte Vogelfuttermarkt wartet noch mit allerlei Zusatzprodukten und Leckerbissen auf. Lebensnotwendig sind sie alle nicht, doch empfehlenswert ist zumindest einiges: vor allem die für die Vogelgesundheit wichtigen Sepiaschalen oder Kalksteine, die mit einer Metallklammer am Käfiggitter befestigt werden, aber auch die sogenannten Kräcker oder Knabberstangen, die allen Krummschnäbeln großen Knabberspaß machen, und der appetitliche Vogelzwieback oder -biskuit, von dem man hin und wieder eine kleine Portion zerbröckeln und ins Körnerfutter geben kann.

Eingewöhnung und Zähmung

Dem gefiederten Familienzuwachs müssen wir die Chance geben, sich allmählich und streßfrei in seiner neuen Behausung und Umgebung einzuleben. Nachdem er seinen Käfig, der möglichst in Augenhöhe aufgestellt werden sollte, bezogen hat, lassen wir ihn zunächst ganz in Ruhe, damit er die noch fremde Umwelt erkunden und seine Futter- und Trinkwasserquelle entdecken kann. Vorsichtshalber streuen wir auch etwas Körnerfutter – und zwar die gleiche Sorte, die er bisher bekommen hat – auf den Käfigboden, so daß er es leichter findet und nicht womöglich bei vollen Näpfen Hunger leiden muß. Die kritische Eingewöhnungsphase kann mehrere Tage dauern, und so lange sollten die großen Zweibeiner im Hintergrund bleiben und die unbedingt notwendigen Hantierungen am und im Käfig auf ein Minimum beschränken und immer nur sehr behutsam und langsam vornehmen.

Bei Jungvögeln aus einer liebevoll betreuten Zucht, die von vornherein auf den Menschen geprägt sind, geht die Umstellung schneller als bei älteren Tieren, insbesondere solchen, die eine freundlich gesinnte Bezugsperson entbehren mußten oder gar aus fernen Ländern frisch importiert wurden. Schon aus diesem Grund sollte sich der Papageienhalter, vor allem der Anfänger, unbedingt an

Ein gefiederter Neuzugang muß behutsam eingewöhnt werden

25

Die geselligen, intelligenten Papageien werden bei richtiger Behandlung meist rasch zutraulich und zahm

die erstgenannte Kategorie halten – von den noch gewichtigeren Gründen des Artenschutzes ganz abgesehen.

Wenn Sie Ihre Neuerwerbung aus gebührendem Abstand sorgfältig beobachten, werden Sie spüren, wann sich der Vogel in seinem neuen Heim geborgen zu fühlen beginnt und wann die Zeit für eine erste unmittelbare Kontaktaufnahme gekommen ist. Setzen Sie sich dann eine Zeitlang neben den Käfig, und wiederholen Sie des öfteren mit sanfter Schmeichelstimme den Namen, den Sie dem neuen Hausgenossen gegeben haben. Als nächstes reichen Sie ihm mit den Fingerspitzen einen Leckerbissen, zuerst durch die Gitterstäbe, später auch durch die offene Käfigtür.

Sobald das einigermaßen klappt, dürfen Sie ihm erstmals unter zärtlichem Zureden den ausgestreckten Zeigefinger als Sitzgelegenheit anbieten. Drücken Sie dabei den Finger mit leicht reibenden Bewegungen gegen die Brust des Vogels, der interessiert abwartend auf seiner Stange sitzt. Um nicht die Balance zu verlieren, wird er mehr oder weniger notgedrungen auf den Finger umsteigen. Jetzt nur nichts überstürzen! Lassen Sie den Vogel im Käfig und setzen Sie ihn vorsichtig auf seinen gewohnten Sitzplatz zurück, wiederholen Sie diese Übung ein paar Tage lang hintereinander, bis der Käfiginsasse schließlich gerne zuläßt, daß er von seinem Pfleger oder seiner Pflegerin im weichen Gefieder gekrault wird.

Rechts: Beim Wellensittich gelingt die Zähmung meist sehr schnell. Dieser Vogel hat alle Scheu vor dem Menschen abgelegt und fühlt sich auf der Hand seines Ersatzkumpans sichtlich wohl.

Links: Der Bann ist gebrochen, wenn ein Papagei wie dieser Kakadu ans Käfiggitter kommt, um sich mit einem Leckerbissen verwöhnen zu lassen.

Damit ist der Bann gebrochen. Der Vogel ist handzahm geworden und bereit, den Menschen als Partner zu akzeptieren. Und den braucht er auch. Gesellige Tiere, ob Hund oder Papagei, wünschen sich nichts sehnlicher als einen ständig verfügbaren »Ansprechpartner«, und wenn ihnen ein Artgenosse fehlt, nehmen sie notfalls auch mit einem wohlmeinenden Zweibeiner vorlieb, ungeachtet des Größenunterschieds. Der Mensch wird für sie zum Ersatzkumpan, ja zum Liebesobjekt, was gerade die Papageienvögel durch unzweideutiges Benehmen zuweilen recht drastisch demonstrieren.

Daß sie dabei nie richtig zum Zuge kommen, ist sicherlich für manche Tiere eine herbe Enttäuschung, die möglicherweise eine Dauerfrustration nach sich zieht. Deshalb betrachten manche Tierfreunde und Zoologen die Einzelhaltung von Papageien als ausgemachte Tierquälerei. Dieses Argument ist nicht von der Hand zu weisen und bereitet vielen Papageienliebhabern Kummer; doch es ändert nichts an der empirisch belegbaren Tatsache, daß die meisten Krummschnäbel in Privathand alleinstehend sind – und sich dennoch augenscheinlich wohl fühlen.

Schließen wir also einen Kompromiß: Zum Ausgleich für das Partnerdefizit verpflichten wir uns, dem von Einsamkeitsgefühlen heimgesuchten Vogel ein guter, liebevoller Kumpan zu sein. Er lohnt es uns durch beständige Zahmheit und Zutraulichkeit. Er

Die Einzelhaltung ist umstritten – auf jeden Fall braucht ein alleinstehender Papagei viel Zuwendung von seinem »Ersatzkumpan«

27

freut sich sichtlich, wenn er uns erblickt, läßt sich bereitwillig anfassen und umhertragen und steigt auf unserem Körper herum wie auf einem vertrauten Urwaldbaum.

Sprachunterricht

Der oft und mit gewissem Recht kritisierten Tendenz zur Einzelhaltung liegt auch noch ein anderes – zugegebenermaßen menschlich-egoistisches – Motiv zugrunde: Wer seinen gefiederten Freund zum »Sprechen« bringen will, ist mit einem Einzelvogel weit besser dran als mit einem Pärchen oder gar mehreren Vögeln, die sich lieber miteinander beschäftigen und sich deshalb in der Regel als reichlich lernunwillig erweisen.

Grundsätzlich sind jedoch alle Papageienvögel imstande, bestimmte Kunststückchen zu erlernen oder artfremde Laute nachzuahmen. Und die Vorführung dessen, was sie von ihrem Betreuer gelernt haben, macht ihnen offensichtlich sogar Spaß. Dieses Spaßmachen ist, nebenbei bemerkt, für mich die einzige moralische Rechtfertigung für jegliche Tierabrichtung.

Lernvermögen und Lernwille sind freilich nicht bei allen Arten und Individuen gleich gut entwickelt. Jungvögel und Tiere aus heimischen Zuchten sind unseren pädagogischen Bemühungen zugänglicher als Altvögel oder Wildfänge, bei denen oft alle Mühe umsonst ist. Auch das Geschlecht scheint eine Rolle zu spielen:

Männchen zeigen sich vielfach bereitwilliger als Weibchen. Man hat außerdem die Erfahrung gemacht, daß die kurzschwänzigen »Papageien« durchweg begabter sind als die langschwänzigen »Sittiche«. Doch Ausnahmen bestätigen die Regel: Gerade der Wellensittich ist ein besonders begabter Schüler, und sein australischer Vetter, der Nymphensittich, steht ihm kaum nach. Als Star auf dem Felde der Gelehrsamkeit gilt indes der afrikanische Graupapagei, der seit Jahrhunderten die Menschen mit seinem drolligen Benehmen und seinen überragenden Sprechkünsten erfreut. Er wurde zum Inbegriff des »Sprechvogels« und zum Helden unzähliger Geschichten, Anekdoten, Witze und Karikaturen. Allen Erfolgsstorys zum Trotz sollte man jedoch das Imitationstalent der Vögel nicht überbewerten, wozu manche Papageienenthusiasten leider neigen. Sie bilden sich allen Ernstes ein, ihr Hausgenosse verstehe alles, was man sagt, und finde in jeder Lebenslage das passende Wort. Die Gefahr der Vermenschlichung ist gerade bei den so ungemein weise, würdevoll und humorvoll wirkenden Krummschnäbeln sehr groß. Doch derlei unzulässige Vorstellungen muß ich um der Wahrheit willen auf ein papageiisches Maß zurückstutzen: Eine echte sprachliche Verständigung, also das, was die Verhaltensforscher eine »interspezifische verbale Kommunikation« nennen würden, ist völlig unmög-

Das »Sprechtalent« der Krummschnäbel ist legendär, aber leider nicht immer vorhanden

Der Star unter den sogenannten Sprechvögeln ist zweifellos der afrikanische Graupapagei

Graupapageien schließen sich besonders eng an den Menschen an und erfreuen ihn mit ihrer überragenden »Sprachkunst«.

lich. Sie kommt nicht einmal mit den geistig hochstehenden Delphinen zustande, die allen Papageien an Intelligenz haushoch überlegen sind. Warum aber die Papageien, im Gegensatz zu den Delphinen, dennoch recht manierlich sprechen können, liegt einfach daran, daß die Natur diesen Vögeln gut ausgebildete Lautwerkzeuge mitgegeben hat, die durch schieren Zufall zur leidlichen Nachahmung der menschlichen Stimme befähigt sind. Wir haben es hier lediglich mit einem Sonderfall des bereits erwähnten »Spottens« zu tun. Mit anderen Worten: Der Vogel weiß nicht, was er sagt, aber er sagt es reizend! Und er sagt es oft sogar im richtigen Augenblick, weil er ein ausge-

zeichnetes Gedächtnis hat, ein erstaunliches Assoziationsvermögen für häufig wiederkehrende Situationen und Stimmungen.

Daß es den Papageien nicht eigentlich ums »Sprechen« geht, ergibt sich schon daraus, daß sie mit gleicher Kunstfertigkeit nicht nur Menschenworte, sondern auch alle möglichen Umweltgeräusche nachahmen. Der Vogel muß sie nur oft genug gehört haben und als papageiengerecht empfinden, um sie in sein Repertoire aufzunehmen. Kein Wunder also, daß manche Krummschnäbel wie eine Lokomotive pfeifen, wie eine Straßenbahn rattern oder wie eine schlechtgeölte Tür quietschen.

Wie dem auch sei, ein sprechender Papagei macht den meisten Men-

29

schen Freude und erfüllt sie mit Stolz auf die Leistungen, die der Vogel und sie selbst vollbracht haben. Denn dazu gehören immerhin viel Geduld, Beharrlichkeit und Einfühlungsvermögen auf beiden Seiten.

Mit dem »Sprechunterricht« muß man möglichst früh anfangen

Früh übt sich, wer ein Meister werden will! Nach dieser Devise müssen Sie mit der Sprecherziehung so früh wie möglich beginnen; allerdings erst dann, wenn der Vogel zahm geworden ist und keine Scheu vor Ihnen mehr kennt. Wählen Sie für den Unterricht, zumindest am Anfang, den richtigen Zeitpunkt: am besten die »blaue Stunde« am späten Nachmittag oder frühen Abend. Ein gefiederter Schüler scheint dann am aufmerksamsten und aufnahmefähigsten zu sein, wenn er ganz entspannt oder leicht dösend auf seiner Stange sitzt, wenn er sich mit sichtlichem Behagen das Gefieder putzt oder wenn er selbstvergessen ein bißchen vor sich hin schwatzt. Mit sanfter Stimme, nicht zu laut und nicht zu tief, tragen Sie ihm dann seine Lektion vor, die zunächst aus einfachen Wörtern mit höchstens zwei Silben und hellen Vokalen bestehen sollte. Der Vogel wird von sich aus darauf achten, was sein großer zweibeiniger Freund ihm zu sagen hat, weil es für einen Papagei mit seinem stark ausgeprägten angeborenen Sozialverhalten selbstverständlich ist, auf die Lautäußerungen eines Artgenossen bzw. Ersatzkumpans stimmlich zu reagieren.

Wiederholen Sie die Lektion geduldig Tag für Tag, bis sie »sitzt«. Es kann oft Wochen oder Monate dauern, bis Ihr Hausgenosse die ersten Wörter einigermaßen zufriedenstellend nachplappert. Und manchmal klappt es auch gar nicht, weil Sie zufällig einen sprachlich unbegabten Vogel erwischt haben. Aber vielleicht ist er dafür um so musikalischer. Pfeifen Sie ihm immer wieder eine kleine Melodie vor, anfangs natürlich nicht gleich ein ganzes Volkslied, sondern nur ein kurzes, eingängiges und einprägsames Motiv.

Wenn auch das nicht anschlägt, besteht kein Grund zur Verzweiflung. In krassen Fällen von »Erziehungsverhärtung« sollten Sie den Vogel – und sich selbst – nicht unnötig quälen. Sobald ihm unsere Erziehungsmaßnahmen offenkundig keinen Spaß mehr machen, sollten wir sie ohne Groll aufgeben. Ein Tier mit Gewalt, mit Schimpfen oder gar Stockschlägen zu etwas zu zwingen, das ihm widerstrebt, verstößt nicht nur gegen das Gebot der Tierliebe, sondern führt auch zu nichts. Der falsch behandelte Vogel wird allenfalls scheu, mißtrauisch, bösartig und fürs ganze Leben »verdorben«. Wie gesagt, Papageien haben ein hervorragendes Gedächtnis, und schon ein einmaliges Fehlverhalten des Menschen kann sich ihnen unvergeßlich einprägen.

Man soll also nichts erzwingen oder übertreiben. Mir ist jedenfalls ein lebenslustiger, munterer und gesunder Papagei, der kein Wort hervorbringt und keinerlei Tricks beherrscht, sehr viel lieber als ein plappernder lebender Automat, der für seinen Besitzer nichts weiter als ein Renommierstück darstellt. Wir sollten nicht zulassen, daß ein liebenswerter Vogel durch übermäßigen Drill zu einem Zerrbild der Natur wird, das dem Schimpfwort »Papagei« entspricht. Alle »sprechenden« Vögel haben zweifellos etwas Unnatürliches, oft sogar Unheimliches an sich. Doch das ist Geschmackssache, und über Geschmack soll man bekanntlich nicht streiten – schon gar nicht mit tierischem Ernst!

Zuchtprobleme

Die Zucht von Papageienvögeln ist in der Tat problematisch, und zwar aus zweierlei Gründen, aus biologischen und juristisch-bürokratischen. Gleichwohl ist es höchst wünschenswert, daß möglichst viele Arten, insbesondere die ausgefalleneren und in ihrem Bestand bedrohten, hierzulande nachgezogen werden, damit die anhaltend starke Nachfrage nach Heimvögeln befriedigt werden kann, ohne daß die freilebenden Populationen weiter ausgebeutet werden. Zunächst der biologische Aspekt: Praktisch alle Papageien sind Höhlenbrüter. Theoretisch ist somit die Sache ganz einfach. Man braucht nur eine Nistgelegenheit in Gestalt eines entsprechend großen Brutkastens mit Ein-

schlupfloch, wie er in jeder Zoohandlung zu kaufen ist, in den Käfig oder in die Voliere zu hängen und ein Papageienpärchen einzusetzen. Doch auf Nachwuchs wird man wahrscheinlich sehr lange oder auch ganz vergeblich warten. Denn die meisten Arten sind unter Gefangenschaftsbedingungen in puncto Fortpflanzung sehr heikel und können nur von einem erfahrenen Züchter dazu bewegt werden, eine Familie zu gründen und ihre Jungen ordnungsgemäß aufzuziehen.

Schon die Zusammenstellung eines Zuchtpaars ist schwierig. Die Geschlechter lassen sich vielfach kaum unterscheiden, und wenn man schon einmal ein Männlein und ein Weiblein hat, müssen sich die beiden auch gut verstehen, bevor sie bereit sind, eine Ehe einzugehen, die im allgemeinen ein Bund fürs Leben ist. Nur bei Papageienarten, die wie die Wellen- und Nymphensittiche und einige andere schon seit vielen Generationen in Menschenobhut leben und sich bereitwillig vermehren, ist die Zucht auch Amateuren möglich. Doch selbst hier sollten wir sie den Profis überlassen, nicht nur weil die sich mit den Vererbungsregeln und mit den richtigen Zuchtvorbereitungen und den Aufzuchtproblemen besser auskennen, sondern auch weil jetzt die Bürokraten mit ihren Paragraphen ins Spiel kommen.

Was viele nicht wissen: Jede Zucht von Papageienvögeln ist genehmi-

Die Papageienzucht sollte der Anfänger den Kennern und Könnern überlassen

Die allermeisten Papageien sind Höhlenbrüter. Diese Rotbugamazone in ihrem heimischen Amazonas-Urwald prüft gerade, ob sich der hohle Baum als Kinderstube eignet. Als Baumhöhlenersatz bieten die Züchter den Vögeln künstliche Nistkästen an, die im allgemeinen anstandslos angenommen werden.

Die Zucht von Papageien ist nicht nur ein biologischer, sondern leider auch ein bürokratischer Vorgang

gungspflichtig. Selbst wenn Sie oder Ihre Kinder ein schlichtes Wellensittichpärchen pflegen und von ihm mit Nachwuchs beglückt werden, müssen Sie dieses an sich freudige Ereignis der zuständigen Gesundheitsbehörde anzeigen und eine entsprechende Genehmigung einholen. Doch damit nicht genug: Sie müssen die Vogelbabys mit einem amtlichen Fußring versehen und ein »Nachweisbuch über Aufnahme, Erwerb, Abgabe und Behandlung von Papageien und Sittichen« führen, das über den Lebensweg der Kleinen Auskunft gibt, so daß ihr Verbleib jederzeit ermittelt werden kann. Wenn Sie das versäumen, machen Sie sich sogar strafbar. Wer privat Papageien irgendwelcher Art züchten möchte, ist also, um die leidigen Formalitäten zu vereinfachen, nahezu gezwungen, einem Vogelzuchtverein beizutreten – was wiederum nicht jedermanns Sache ist.

Ich weiß, das Ganze ist ziemlich abschreckend und obendrein ein wenig paradox. Denn einerseits wäre im Sinne des Artenschutzes und der artgerechten Haltung die Paarbildung und Nachzucht von Papageien anzustreben, andererseits wird beides dem normalen Vogelfreund durch bürokratische Hemmnisse geradezu verleidet. Und wem verdanken wir diesen ganzen Papierkrieg? Dem deutschen Gesetzgeber und der sogenannten Psittakose-Verordnung, die nach wie vor in Kraft ist und zuletzt 1991 novelliert wurde. Die entscheidenden Passagen in § 2 der Verordnung lauten wie folgt:

»(1) Wer Papageien oder Sittiche halten will, um von diesen Tieren Nachkommen aufzuziehen (Züchter) oder mit diesen Tieren zu handeln (Händler), muß die Tiere kennzeichnen; dabei hat er Fußringe zu verwenden, die vom Zentralverband Zoologischer Fachgeschäfte Deutschlands e.V., Frankfurt a. M. (Zentralverband), abgegeben werden. Der Zentralverband darf Fußringe an Züchter und Händler nur abgeben, wenn eine Erlaubnis nach § 17g des Tierseuchengesetzes vorliegt und dies dem Zentralverband gegenüber nachgewiesen wird. Offene Fußringe müssen so beschaffen sein, daß sie nur einmal verwendet werden können.

(2) Abweichend von Absatz I Satz 1 dürfen zur Kennzeichnung von Papageien und Sittichen Fußringe eines eingetragenen Züchtervereins verwendet werden, wenn diese Fußringe von der zuständigen Behörde zur zugelassen sind ...«

Die Psittakose, zu deutsch Papageienkrankheit, ist eine (seltene) grippeähnliche Infektionskrankheit, die auf den Menschen übertragbar ist, aber im Zeitalter der Antibiotika ihren Schrecken weitgehend verloren hat. Sie wurde um 1920 erstmals bei einigen aus Südamerika eingeführten Papageien entdeckt, und seither ist die Psittakose-Verordnung fester Bestandteil des Tierseuchengesetzes. Inzwischen ist zwar bekannt, daß die Krankheit auch bei vielen anderen Vögeln auftreten kann und deshalb mit dem umfassenden Begriff Ornithose (Vogelkrankheit) bezeichnet wird, aber die ganze Wucht des Gesetzes trifft nun einmal allein die Papageienvögel und deren Liebhaber.

Gesundheitspflege

Papageien sind, verglichen mit vielen anderen Heimvögeln, sehr robuste Geschöpfe und nur wenig krankheitsanfällig. Wenn Sie einen Krummschnabel aus einer gesunden Zucht erworben haben oder auch einen legal importierten Wildfang, der vorher in einer

Die Psittakose-Verordnung schreibt die amtliche Beringung aller Papageien zwingend vor

33

Die »zehn Gebote« der Gesundheitsfürsorge sollte jeder Vogelhalter beachten

sechswöchigen Quarantäne auf seinen Gesundheitszustand überprüft wurde, können Sie fast sicher sein, daß Ihr Schützling nie ernsthaft erkranken wird. Voraussetzung ist allerdings, daß Sie entsprechende Vorsorge treffen, denn Vorbeugen ist immer besser als Heilen. Die prophylaktischen Maßnahmen lassen sich in folgende zehn Gebote zusammenfassen.

1. Den Käfig möglichst an einem hellen, luftigen Platz aufstellen, jedoch nicht in der prallen Sommersonne. Vögel brauchen viel frische Luft; relativ betrachtet, ist ihr Sauerstoffbedarf etwa siebenmal so groß wie der des Menschen.

2. Den Käfig regelmäßig säubern und wenigstens einmal im Jahr mit heißem Wasser gründlich auswaschen und gegebenenfalls desinfizieren.

3. Unter Umständen für zusätzliche Beleuchtung sorgen, vor allem im Winter. Papageien, die aus den Tropen stammen, sind an eine gleichbleibende Tageslänge von zwölf Stunden gewöhnt.

4. Immer nur einwandfreies, hochwertiges und ausgewogenes Futter verwenden, das nicht überaltert oder gar verdorben ist. Eventuell vorher eine »Riechprobe« machen.

5. Keine gesalzenen oder gewürzten Speisereste und keine Süßigkeiten als vermeintliche Leckerbissen verabreichen.

6. In der Mauserzeit, wenn der Vogel sein Federkleid wechselt und manchmal etwas ramponiert wirkt, und in sonstigen Streßperioden dem Futter oder Trinkwasser ein gutes Vitaminpräparat aus der Apotheke (Abteilung Tiermedizin) oder dem Zoofachgeschäft zusetzen.

7. Zugluft unbedingt vermeiden. Den Käfig beim ausgiebigen Zimmerlüften gut abdecken.

8. Den Vogel vor gefährlichen Dünsten, etwa von Lösungsmitteln oder Sprays, schützen. Auch Tabakrauch kann sich schädlich auswirken.

9. Alle giftigen Pflanzen aus dem Zimmer verbannen, wenn dem Vogel regelmäßig »Freiflug« gewährt wird. Das sollte stets nur unter Aufsicht geschehen, denn ein neugieriger Papagei knabbert nicht nur gern die Pflanzen an, sondern auch stromführende Verlängerungsschnüre.

10. Das Verhalten und Befinden des Vogels ständig beobachten und seine Exkremente des öfteren inspizieren.

Der letzte Punkt ist besonders wichtig, denn ob ein Vogel erkrankt ist, merken Sie am ehesten an Veränderungen in seinem gewohnten Erscheinungsbild und in seinen Ausscheidungen. Wenn er entweder völlig apathisch oder auffallend unruhig wirkt, wenn er kaum noch frißt oder mit dem Schnabel im Futternapf herumstochert, ohne etwas zu sich zu nehmen, so sind das ziemlich sichere Krankheitssymptome.

Diese Pflaumenkopfsittiche sind augenscheinlich kerngesund.

Die Geschlechts-
unterschiede
zeigen sich bei
vielen Arten in
der abweichen-
den Färbung des
Federkleids

Anzeichen einer
Krankheit sind
im allgemeinen
am veränderten
Verhalten leicht zu
erkennen

Auch ein häufig aufgeplustertes und struppiges Gefieder ist ein Warnsignal. Der unterkühlte oder erkältete Vogel plustert sich auf, um den Wärmeschutz seines Gefieders durch zusätzliche Lufteinlagerungen zu erhöhen.

Ebenso verräterisch ist ein unnatürlich gesteigertes Schlafbedürfnis. Der Vogel sitzt am hellichten Tage teilnahmslos auf der Stange und hat den Kopf unter die Flügel gesteckt. Geraten Sie jedoch nicht jedesmal in Panik, wenn das Tier zwischendurch ein wohlverdientes Nickerchen macht. Deshalb dieser ergänzende Hinweis: Ein gesunder Papagei ruht beim Schlafen in der Regel auf einem Bein, ein kranker oder geschwächter dagegen auf beiden Beinen. Achten Sie auch auf trübe oder entzündete Augen und etwaigen Augenausfluß, auf dünnflüssigen oder verfärbten Kot und verschmierte Afterfedern sowie auf sichtliche Atembeschwerden.

Sobald Ihnen solche Veränderungen auffallen, müssen Sie etwas unternehmen. Der mutmaßliche Patient wird, wenn er mit anderen Vögeln zusammen lebt, isoliert und in seinem Käfig mit altbewährten Hausmitteln – Wärme und Schonkost – behandelt. Bei Verdauungsstörungen und leichten Erkältungskrankheiten, die am häufigsten auftreten, wirkt dies oft Wunder. Doch zunächst wird der Käfig sorgfältig gereinigt und der Boden nicht wie üblich mit Vogelsand, sondern mit einer dicken Lage Zeitungspapier ausgelegt, damit man die Menge und Beschaffenheit der Ausscheidungen leichter kontrollieren kann. Für die nötige Wärmezufuhr sorgt dann eine stärkere Glühbirne oder auch ein Heizkissen, das man unter den Käfig schiebt; diese unkonventionelle Methode habe ich schon mehrmals mit Erfolg angewandt. Damit die Wärme nicht so leicht entweichen kann, sollte der Käfig teilweise abgedeckt werden. Noch wirksamer ist oft eine Bestrahlung mit Infrarotlicht. Die Lampe sollte zum Käfig bzw. dem kranken Bewohner einen Mindestabstand von etwa 50 cm halten. Außerdem wird der Käfig zur Hälfte abgedeckt, so daß der Vogel nach Wunsch den intensiven Strahlen ausweichen kann.

Bei Verstopfung, meist durch falsche Ernährung bedingt, versucht der Vogel vergebens, seinen Kot durch Pressen oder Wippen mit dem Hinterleib loszuwerden. Die Symptome sind unverkennbar. Wie beim Menschen hilft hier ein wenig Rizinusöl, das man mit einer Pipette eingibt, entweder in den Schnabel oder, bei größeren Arten, als Einlauf in den After.

Durchfall, der verschiedene Ursachen haben kann (verdorbenes Futter, Erkältung, Würmer, Bakterien), ist am dünnflüssigen Kot leicht zu erkennen, oft auch an den verklebten Afterfedern. Hier helfen Fenchel-, Kamillen- oder Schwarzer Tee und eine Dosis Spezialkohle, die Sie bei Ihrem Zoohändler

bekommen und unter das Körnerfutter mischen. Geben Sie kein Grünzeug, dafür aber reichlich leichtverdauliche Kolbenhirse, die auch von kranken Vögeln meist gern genommen wird. Bei allen Magen- und Darmbeschwerden ist eine zusätzliche Wärmebehandlung ebenfalls ein probates Mittel. Auch die gängigen Parasiten (Rote Milben, Räudemilben, Federlinge oder Läuse), von denen unsere Krummschnäbel gelegentlich geplagt werden, kann der Vogelhalter mit freiverkäuflichen Mitteln aus der Apotheke oder Zoohandlung selbst bekämpfen. Am häufigsten hat er es wohl mit den lästigen Roten Milben zu tun. Sie bewirken einen starken Juckreiz und dadurch eine ungewöhnliche Beunruhigung des befallenen Vogels, der sich pausenlos kratzen und putzen muß und nachts nicht mehr schlafen kann. Um die Probe aufs Exempel zu machen, behängen Sie den Käfig über Nacht mit einem weißen Tuch. Finden Sie am anderen Morgen winzige rote Pünktchen auf dem Tuch, müssen Sie den Vogel mit einem geeigneten Insektenpulver oder -spray genau nach Vorschrift behandeln. Außerdem sollten Sie den ganzen Käfig gründlich schrubben und desinfizieren, damit die Milben in ihren Schlupfwinkeln absterben. Die anderen Schmarotzer kommen bei einzeln gehalten und seit langem eingewöhnten Papageien erfreulicherweise nur sehr selten vor.
Bei allen schwereren inneren Er-

krankungen, insbesondere solchen, die offensichtlich durch Viren oder Bakterien verursacht sind, und in allen Fällen, in denen die scheinbar harmlosen und laienhaft kurierten Beschwerden nicht nach wenigen Tagen vergehen, müssen Sie den Patienten auf jeden Fall zum Tierarzt bringen. Wenn wir mit unserem bescheidenen diagnostischen Latein am Ende sind, kann nur er noch helfen. Es könnte sich ja um eine lebensbedrohliche Krankheit handeln, womöglich gar um die (anzeigepflichtige) ominöse Psittakose. Ein Tip in diesem Zusammenhang: Erkundigen Sie sich schon vor dem Ernstfall, wo in Ihrer Nähe ein Tierarzt wohnt, der sich mit Vogelleiden auskennt.
Kleine äußere Verletzungen heilen meist von selbst. Das gilt sogar für einfache Flügel- oder Beinbrüche. Vorsorglich sollten wir den verletzten Vogel in einen kleinen Käfig mit senkrechten Stäben umquartieren, damit er zwangsläufig das lädierte Glied schonen muß, bis es wieder zusammengewachsen ist. Die Ruhigstellung und Behandlung von komplizierten Brüchen ist natürlich Sache des Tierarztes oder eines einschlägig bewanderten Vogelfachmanns. Wie groß bei den widerstandsfähigen Papageien die Selbstheilungskräfte der Natur sein können, hat eines meiner Pfirsichköpfchen bewiesen: Der Vogel hatte sich durch ein fatales Mißgeschick ein halbes Bein abgerissen. Der Stumpf verheilte

Ein ernsthaft erkrankter Vogel gehört unbedingt in die Hand des Tierarztes

37

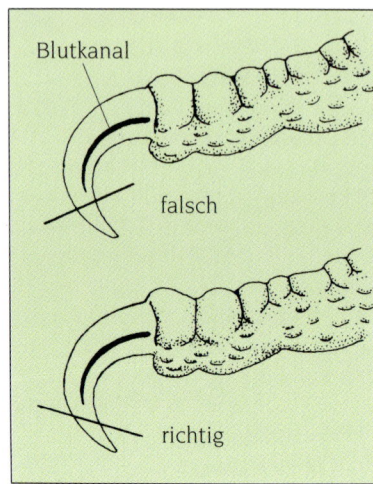

Blutkanal

falsch

richtig

Wenn Krallen zu lang geworden sind, müssen sie »richtig« gekürzt werden.

Krallen auf nicht zu dünnen Naturzweigen betätigen kann. Empfehlenswert ist außerdem eine kleine rauhe Bodenplatte (Schamotte o. ä.) in der Nähe der Futternäpfchen.

Doch wenn der Schnabel oder die Krallen erst einmal zu stark gewachsen sind, müssen Sie bald etwas unternehmen. Die überlangen Krallen können Sie im allgemeinen selbst mit einer scharfen Nagelschere oder -zange kürzen. Umfassen Sie den Vogel behutsam mit der Hand, so daß nur die Läufe zwischen den Fingern hervorragen. Halten Sie die Krallen gegen das Licht, damit die feinen Blutkanäle in ihnen sichtbar werden, und schneiden Sie die Krallenenden unmittelbar vor den Kanalenden ab. Falls Sie sich den Eingriff nicht zutrauen, ist wieder einmal ein Gang zum Tierarzt oder Experten fällig. Den sollten Sie auch im Fall einer starken Schnabelwucherung aufsuchen, bei der die Schere eines Unerfahrenen mehr Schaden als Nutzen anrichten kann.

Eine nicht minder unerfreuliche Begleiterscheinung der Käfighaltung ist das sogenannte Federrupfen. Das beharrliche Ausrupfen der eigenen Federn kann den Vogel auf die Dauer ziemlich entstellen und dem Halter die Freude an seinem Hausgenossen verderben. Dieser ist freilich meist nicht ganz unschuldig, denn Hauptursachen des leidigen Rupfens sind eine unzureichende Ernährung, besonders Vitaminmangel, zu wenig Be-

Übermäßiges Krallen- und Schnabelwachstum ist nicht selten und muß behutsam korrigiert werden

sehr schnell und augenscheinlich schmerzlos, und schon bald konnte das einbeinige Tier mit Hilfe seines Schnabels wieder so geschickt laufen und umherklettern wie sein gesunder Partner.

Eigentlich keine Krankheit, aber eine mißliche und leider nicht seltene Fehlentwicklung ist das übermäßige Krallen- und Schnabelwachstum. Käfigvögel haben oft nicht genügend Gelegenheit, ihre Krallen und Schnäbel auf naturgemäße Weise abzunutzen. Die Folge: überlange Krallen, die sich ständig im Drahtgeflecht verheddern, oder wuchernde Schnabelhornhaut, die den Vogel am Ende gar am Fressen hindern kann. Dies läßt sich weitgehend vermeiden, wenn der Papagei stets hartes Knabberzeug vorfindet und seine

wegung, Milbenbefall, Sauerstoffmangel und vor allem Vernachlässigung, Langeweile und fehlende Ansprache. Normalerweise läßt sich das Übel abstellen, indem man die Ursachen abstellt. Den »seelischen« Defekt korrigieren Sie am besten dadurch, daß Sie sich fortan wieder mehr mit Ihrem gefiederten Freund beschäftigen und ihm zusätzlich abwechslungsreiches Spiel- und Knabberzeug, vielleicht sogar einen Partner zur Verfügung stellen.

Drum prüfe, wer sich ewig bindet ...

Dieses Schiller-Zitat ist zwar nicht ganz wörtlich zu nehmen, aber so etwas Ähnliches wie eine Eheschließung ist der Kauf eines Papageien schon. Die damit verbundene Verantwortung dürfen Sie nicht auf die leichte Schulter nehmen. Darum sollten Sie als erstes prüfen, ob Sie und Ihre Familie bereit und in der Lage sind, einen solchen Vogel unter Umständen jahrzehntelang mit beständiger Liebe und Sorgfalt zu betreuen. Die allermeisten Papageienvögel sind ja, wie wir inzwischen wissen, ausgesprochen langlebig und möchten ihr ganzes Leben am liebsten bei dem Menschen bleiben, der sie einst bei sich aufgenommen hat. Eine »Scheidung« ist zwar möglich und manchmal vielleicht sogar unumgänglich, aber sie sollte nicht schon von

vornherein einkalkuliert werden. Vor der Anschaffung müssen Sie sich auch über die finanzielle Belastung klarwerden. Einen Wellensittich kann sich heutzutage wohl jeder leisten, doch fast alle anderen Arten stehen erheblich höher im Preis: 100 bis 1000 Mark muß man schon für den Vertreter einer gängigen Art anlegen, und Exklusivwünsche kann man sich nur mit einer dicken Brieftasche erfüllen. Hinzu kommen die Kosten für ein standesgemäßes Papageiendomizil und die laufenden Ausgaben für Futter, Zubehör, Tierarzt usw. Außerdem ist beim Kauf ein einmaliger, wenngleich erschwinglicher Betrag für die obligatorische CITES-Bescheinigung zu entrichten. Das muß ich etwas ausführlicher erklären:
Sämtliche Papageienvögel, ob gezüchtet oder importiert, müssen nicht nur amtlich beringt sein (siehe S. 32), sondern unterliegen auch – mit alleiniger Ausnahme des Wellen- und Nymphensittichs und des Kleinen Alexander- oder Halsbandsittichs – den Bestimmungen des Washingtoner Artenschutz-Übereinkommens (WA) und dürfen nur zusammen mit der vorerwähnten Bescheinigung in den Handel gebracht werden. CITES ist die in aller Welt gebräuchliche Kurzform von Convention on International Trade in Endangered Species (»Übereinkommen über den internationalen Handel mit gefährdeten Arten«, wie das WA offiziell heißt). Aus alledem ergibt

Alle Papageienvögel brauchen einen Fußring, fast alle auch eine sogenannte CITES-Bescheinigung

Den Hang zum Krachschlagen kann man Großpapageien wie diesem Ararauna mit viel Zuwendung vielleicht abgewöhnen.

Die Lautstärke der meisten Arten darf keineswegs unterschätzt werden

sich eine ernste Warnung: Erwerben Sie niemals einen Papagei, der keinen Ring trägt und/oder keine einwandfreien CITES-Papiere besitzt, auch wenn Ihnen das Angebot noch so verlockend erscheint! Wer sich, selbst in bester Absicht, auf derlei illegale Geschäfte einläßt, verstößt nicht nur gegen das Gesetz, sondern trägt ungewollt auch dazu bei, daß der brutale und verlustreiche Schmuggel mit Wildtieren weiterhin floriert.

Noch einen weiteren Aspekt, auf den ich in einem anderen Zusammenhang bereits hingewiesen habe, sollten Sie in Ihre Kaufüberlegungen einbeziehen: die in der Krummschnabelfamilie weitver-

breitete Schwäche fürs Krachschlagen. Auf diese naturgegebene und deshalb kaum beeinflußbare »Untugend« werde ich in den Artbeschreibungen jeweils kurz eingehen, weil sie für den angehenden Papageienhalter von kaufentscheidender Bedeutung sein kann. Soviel sei jedoch schon hier gesagt: Man hüte sich davor, die Phonstärke gewisser Papageien oder die Duldsamkeit der meisten Wohnungsnachbarn falsch einzuschätzen!

Seit neuestem muß die Liste der Bedenken um einen Punkt erweitert werden, von dem in der Papageienliteratur bislang noch nicht die Rede war: Wissenschaftliche Studien haben in den letzten Jahren den statistisch plausiblen Nachweis erbracht, daß die Haltung von Heimvögeln, auch und gerade von Papageien, mit einem gewissen Lungenkrebsrisiko verbunden sein soll. Als Ursache vermutet man Mikroorganismen (Pilze), die in den von den Vögeln aufgewirbelten winzigen Feder- und Kotpartikeln enthalten sind und vom Menschen eingeatmet werden. Aus einer vom Bundesgesundheitsamt (BGA) eingeleiteten ersten Untersuchung geht hervor, daß Vogelhalter etwa doppelt so häufig an einem Lungenkarzinom erkranken wie ihre »vogellosen« Mitmenschen; bei einer mehr als zehnjährigen Hausgemeinschaft mit Vögeln soll das Risiko sogar auf das Dreifache anwachsen. Der ganze Sachverhalt ist offenbar noch nicht endgültig geklärt, aber immerhin empfiehlt das BGA schon jetzt Personen mit einem erhöhten Lungenkrebsrisiko oder mit einer Immunschwäche, den direkten Umgang mit Gefiederten zu meiden. In jedem Fall sei es wichtig, Käfige und Volieren stets sauberzuhalten und das »Vogelzimmer« regelmäßig zu lüften – hygienische Forderungen, die für unsereins ohnehin selbstverständlich sind.

Doch damit genug der Miesmacherei! Es ging mir hier gewiß nicht darum, den herrlichen Papageien, den Herzensbrechern unter den Vögeln, etwas anzuhängen, sondern ich möchte nur dafür sorgen, daß Sie beim Erwerb Ihres neuen Hausgenossen die richtige Wahl treffen und alles vermeiden, was Ihnen die dauerhafte Freude an ihm verleiden könnte.

Ob die Vogelhaltung bei Nicht-Allergikern mit einem Gesundheitsrisiko verbunden sein kann, ist noch nicht eindeutig geklärt

Von allen Papageienarten eignet sich der Wellensittich am besten für den Anfänger

Wellensittich

Ein idealer Vogel für jung und alt

Mit einem Wellensittich fängt es gewöhnlich an. Und das ist gut so. Denn dieser zierliche kleine Papagei aus der Gattungsgruppe der Plattschweifsittiche (Platycercini), die zur Unterfamilie der Echten Papageien gehört, ist der ideale »Anfängervogel« und ein Ausbund an lobenswerten Eigenschaften: Er ist nicht nur bildschön, robust, anpassungsfähig, anspruchslos, sprechbegabt, leicht zähmbar und anhänglich, sondern auch aus der Sicht des Natur- und Artenschützers völlig unbedenklich, weil sämtliche Wellensittiche, die in aller Welt von Menschen gepflegt werden, Zuchttiere sind, die für uns Menschen in großen Mengen »produziert« werden. Schon vor Jahren wurde die Gesamtzahl der Wellensittiche, die in Käfigen und Volieren leben, auf rund 50 Millionen geschätzt; inzwischen dürften es noch ein paar Millionen mehr sein. So viele Vogelfreunde können nicht irren!

Wellensittiche sind ideale Heimvögel für jung und alt.

Eine förmliche Vorstellung dieses Allerweltsvogels erübrigt sich wohl. Jedes Kind kennt ihn, und ungezählte Kinder lieben ihn heiß und innig. Damit ist auch schon gesagt, daß der Wellensittich bereits von (nicht zu kleinen) Kindern selbständig betreut werden kann. Das ist einer der Gründe für seine ungeheure Beliebtheit und unterscheidet ihn von praktisch allen anderen Vertretern der Familie Psittacidae, die nur für Erwachsene oder allenfalls für ältere Jugendliche geeignet sind.

Eine Verwechslung des Wellensittichs mit einer anderen Vogelart ist nahezu ausgeschlossen, so daß ich hier ausnahmsweise auf die Angabe seines wissenschaftlichen Namens verzichten könnte. Wenn ich ihn trotzdem nenne – er lautet *Melopsittacus undulatus* –, so vor allem deshalb, um die Herkunft des absonderlichen deutschen Namens zu erläutern. Haben Sie sich schon einmal Gedanken darüber gemacht, warum der Wellensittich so heißt, wie er heißt? Ich könnte mir jedenfalls einen viel hübscheren Namen vorstellen.

Schuld an der Panne sind die Ornithologen des vorigen Jahrhun-

Der Name Wellensittich bezieht sich auf die Zeichnung des Kopfgefieders

Freilebende Wellensittiche in ihrer australischen Heimat. Aus diesen ziemlich unscheinbaren Vögeln mit ihrem grün-gelben Tarnkleid sind die zahlreichen Spielarten und Farbschläge hervorgegangen, die heute unsere Käfige und Volieren bevölkern.

Wellensittiche sind überaus gesellige und flugtüchtige Vögel

derts, die den 1805 geprägten wissenschaftlichen Namen ziemlich einfallslos ins Deutsche übersetzten. Das griechische Wort »melos« bedeutet soviel wie Weise, Gesang, Melodie und bezieht sich – etwas schmeichelhaft – auf den zwitschernden »Gesang« des Vogels; »psittacus« bezeichnet bekanntlich den Sittich bzw. Papagei, und »undulatus« heißt wellenförmig oder gewellt. Dieses Adjektiv verweist auf etwas, das den meisten Wellensittichhaltern kaum aufgefallen sein dürfte, nämlich auf die feine Wellenzeichnung des Kopfgefieders, und ausgerechnet diesem unscheinbaren Merkmal verdankt der Wellensittich seinen kuriosen Namen.

Die Erfolgsstory eines kleinen Sittichs

Seit Urzeiten bevölkern Wellensittiche fast den gesamten australischen Kontinent. In oft riesigen Schwärmen durchstreifen sie auf der Suche nach günstigen Wohnlagen (wo es reichlich Sämereien, ein paar Wasserstellen und genügend Eukalyptusbäume zum Ausruhen und zum Brüten gibt) die Trockenregionen des weiten, spärlich besiedelten Binnenlandes und legen dabei zuweilen gewaltige Strecken zurück. Schon daraus ersieht man, daß die kleinen Sittiche von Natur aus sehr gesellig, sehr genügsam und sehr flugtüchtig sind – drei Eigenschaften, die auch bei den gekäfigten Nachkommen der freilebenden Wellensittiche zu bedenken und zu berücksichtigen sind.

Australien wurde erst spät von den Europäern entdeckt, der Wellensittich noch später. Die folgenschwere ornithologische Entdeckung wird einem Engländer namens Thomas Watling zugeschrieben. Watling, der als Künstler nicht genug Geld verdiente und sich deshalb auf die Fälschung von Banknoten verlegt hatte, wurde 1788 ins ferne Australien deportiert, in die äußerste Südostecke des Kontinents. Doch er hatte Glück im Unglück, denn schon im ersten Jahr seiner Verbannung machte er dort die Bekanntschaft der liebenswerten, lebenslustigen Wellensittiche, die sich in seiner Gegend scharenweise umhertrieben und von den Eingeborenen »Betcherrygah« genannt wurden; daraus ist übrigens der bis heute übliche englische Name »Budgerigar« entstanden. Watling fing ein paar dieser reizenden Kleinpapageien ein, zähmte sie und brachte ihnen die Anfangsgründe der englischen Sprache bei. Als Sträfling hat man ja viel Zeit! Doch Watling hatte nicht nur viel Zeit, sondern offensichtlich auch ein gutes, tierfreundliches Herz, und nachträglich ist man geneigt, ihm wegen seiner großen Verdienste um die Begründung der Wellensittich-Liebhaberei das bißchen Geldscheinfälschen großmütig zu verzeihen.

Erst 1831 gelangte der erste Wellensittich nach Europa, freilich nur ein ausgestopfter Balg, der im Museum der Londoner Linné-Gesellschaft für einiges Aufsehen sorgte. Neun Jahre später brachte dann der bedeutende Vogelkenner und -maler Sir John Gould von einer ausgedehnten Australienreise das erste Pärchen lebend nach England.

Damit begann der unaufhaltsame Siegeszug des Wellensittichs. In den nachfolgenden Jahrzehnten wurden die Vögel zu Hunderttausenden eingefangen und nach Europa exportiert, wo kundige Züchter sie mit großem Erfolg weiterzüchteten. Der Fortbestand der Art in Gefangenschaft war bereits gesichert, als die australische Regierung den Export 1884 endgültig verbot, weil sie die heimische Vogelwelt schonen wollte und nicht länger mit ansehen konnte, daß auf der langen Seereise zahllose Tiere elend zugrunde gingen. Das Verbot ist bis heute gültig, obwohl der Wellensittich in seiner Heimat keineswegs zu den bedrohten Arten zählt.

Ein Sträfling gilt als Begründer der heute weltweit verbreiteten Wellensittich-Liebhaberei

Ein Thema mit vielen Variationen

Der Wellensittich wurde in den letzten anderthalb Jahrhunderten weitgehend domestiziert, also fast zu einem echten Haustier wie Hund und Katze. Zwar haben ihm die Zoologen bislang den offiziel-

Wellensittiche gibt es heute in zahlreichen Farbspielarten

len Haustierstatus noch nicht zuerkannt, aber für den Kundigen sind die typischen domestikationsbedingten Abweichungen des Heimwellensittichs von der Wildform unübersehbar.

Der wildlebende Wellensittich ist ein »freiheitsliebender« Nomade in einem recht unauffälligen grünlich-gelben Tarnkleid, während der moderne Käfig- und Volierenvogel gesetzter wirkt, etwas größer und stattlicher ausfällt und ein sehr viel abwechslungsreicheres und farbenprächtigeres Gefieder zur Schau stellt. Diese Variationsbrei-

te ist allerdings schon in der Stammart angelegt, bei der gelegentlich farblich abweichende Mutationen auftreten, so daß man früher sogar verschiedene Unterarten unterschied.

Ehrgeizige Züchter haben diese Variabilität genutzt, um immer neue Spielarten hervorzubringen. Zunächst, vor der Erforschung der Vererbungsgesetze durch Gregor Johann Mendel, geschah das eher zufällig, später dann ganz gezielt. Schon 1872 tauchten in Belgien und drei Jahre danach auch in Deutschland die ersten gelben

Ein Ausschnitt aus der Farbenpalette, die den Sittichzüchtern zur Verfügung steht.

Wellensittiche auf. Um die Jahrhundertwende kamen erstmals rein blaue Tiere hinzu, 1920 die ersten weißen und 1940 die ersten Schecken. Weitere Farben – Mauve, Violett, Olivgrün, Schiefergrau usw. – in verschiedenen Helligkeitsstufen und Kombinationen wurden erzüchtet, obendrein sogar einige Formen mit lustigen runden oder spitzen Federhäubchen. Heute gibt es rund 100 derartige Variationen zum Thema Wellensittich, die in erbfesten Stämmen weitergezüchtet und in der Fachsprache als Standard-Farbschläge bezeichnet werden.

Es würde den Rahmen dieses Buches sprengen, wenn ich auch nur einen Bruchteil der anerkannten Standards wiedergeben wollte, nach denen Schauwellensittiche definiert und bewertet werden. Wenn Sie sich näher mit dieser komplizierten Materie befassen wollen, empfehle ich Ihnen das reichillustrierte Buch »Wellensittiche pfleglich gehalten und kundig gezüchtet« von A. Rutgers (Stuttgart, Ulmer-Verlag, 1972). Hier finden Sie alles, was Sie über die Theorie und Praxis der Sittichzucht wissen müssen. Eine zusätzliche Empfehlung: Besuchen Sie einmal eine der regelmäßig stattfindenden Zuchtschauen, und erleben Sie dort in natura, welchen großen Farben- und Formenreichtum passionierte Züchter aus dem schlichten Steppenvogel der australischen Wildnis hervorgezaubert haben!

An der kräftig blauen Wachshaut erkennt man das erwachsene Männchen. Beim Weibchen ist sie bräunlich.

Anschaffung

Wellensittiche gehören zu den preiswertesten und pflegeleichtesten Heimvögeln, die wir kennen, und innerhalb der Krummschnabelfamilie laufen sie in dieser Hinsicht allen anderen Arten den Rang ab. Darum kann ich dem angehenden Papageienhalter nicht nachdrücklich genug anraten, sein Glück und Geschick als Vogelpfleger zuerst mit diesem anmutigen kleinen Sittich zu versuchen. Dann bleiben ihm Enttäuschungen erspart, und für seine weise Entscheidung und Selbstbescheidung wird er reich entschädigt durch die »inneren« Werte seines neuen Freundes, die genauso groß sind wie die einer exklusiveren Papageienart.

Von allen Papageien ist der Wellensittich am preiswertesten und am einfachsten zu pflegen

Die Anschaffung ist kein Problem. Jede Tierhandlung bietet Wellensittiche in mehr oder weniger großer Zahl und Vielfalt feil – zum Preis eines Durchschnittsromans. Daß Ihnen ein quicklebendiger Vogel mehr und sehr viel länger Freude machen kann als ein mittelmäßiger Roman, brauche ich wohl nicht zu begründen. Ob Sie nun einen x-beliebigen Sittich wählen oder einen reingezüchteten und etwas teureren Farbschlag, ist Geschmackssache. Schön sind sie beide, und in ihren Haltungsansprüchen unterscheiden sie sich nicht. Sehr viel wichtiger ist, daß der Auserkorene kerngesund und möglichst jung ist.

Lassen Sie sich beim Kauf Zeit! Beobachten Sie den Vogel eine Weile, und prüfen Sie, ob er womöglich eines der Krankheitssymptome zeigt, die ich auf Seite 34 beschrieben habe. Wenn Sie ganz sichergehen wollen, sollten Sie sich das Tier vom Verkäufer vorführen lassen. Ein seriöser Händler, der nichts zu verbergen hat, tut das meist schon von sich aus. Er nimmt den Vogel mit dem Bauch nach oben in die Hand und pustet leicht gegen das Brustgefieder, so daß darunter die fleischige, rosig schimmernde Brustpartie sichtbar wird, die ein Zeichen von Gesundheit ist. Außerdem erkennt man dabei, ob die Aftergegend sauber und nicht verklebt ist. Wenn der Sittich bei dieser für ihn unangenehmen Prozedur den Verkäufer noch kräftig in den Finger

Vor dem Sittichkauf sollte man einen kleinen »Gesundheitstest« machen

zwickt, ist bestimmt alles in Ordnung!

Nicht nur gesund, sondern auch jung soll der künftige Hausgenosse sein, nach Möglichkeit »nestjung«, wie der Fachmann sagt. Denn nur dann haben Sie eine gewisse Garantie dafür, daß der kleine Kerl sich schnell an Sie anschließt bzw. schon von vornherein zahm ist und daß er für eine etwaige Sprecherziehung gerade das beste Alter hat. Nestjung ist ein Vogelkind, wenn es soeben das elterliche Nest verlassen hat und schon selber für seinen Unterhalt sorgen kann. Das sicherste Kennzeichen eines nestjungen Wellensittichs ist seine blaßrosa gefärbte Wachshaut (siehe S. 10), die später beim Weibchen bräunlich und beim Männchen herrlich blau wird. Das kann man sich leicht merken: Blau als Zeichen reifer Männlichkeit!

Doch Sie wollen natürlich schon beim Kauf wissen, ob der schöne junge Sittich, den Sie sich ausgesucht haben, ein Junge oder ein Mädchen ist. Ein Männchen wäre Ihnen schon lieber, weil es überall heißt, daß es anhänglicher und »sprechbegabter« sei. Eine hundertprozentige Geschlechtsgarantie kann Ihnen leider ein gewissenhafter Händler auch nicht geben.

Wie schwierig die Geschlechtsbestimmung bei Wellensittichen ist, bezeugt die wahre Anekdote des bekannten Züchters und Fachschriftstellers Albrecht Thiebes, der einmal einer befreundeten Fa-

Ein harmonisches »Dreiecksverhältnis«: in der Mitte das Weibchen,
rechts und links die männlichen Verehrer.

milie einen kleinen Sittichknaben
aus eigener Zucht schickte. Als er
nach einem Jahr den Vogel wieder-
sah, der unterdessen allerlei Wörter und Kunststücke gelernt hatte,
dankte ihm die begeisterte Familie
dafür, daß er für sie ein Männchen
ausgewählt habe – ein Weibchen
hätte doch so etwas nie lernen
können. Ob der Züchter seine

Freunde über die sekundären Ge-
schlechtsmerkmale erwachsener
Wellensittiche aufgeklärt hat, ist
nicht überliefert. Er selbst hatte jedenfalls sofort an der braunen
Wachshaut erkannt, daß der vermeintliche Knabe ein Mädchen
war. Was erstens beweist, daß Wel-
lensittichweibchen besser sind als
ihr Ruf, und zweitens, daß selbst

Beim Wellensittich
sind die Ge-
schlechter äußer-
lich kaum zu unter-
scheiden

der gewiefteste Fachmann nicht unfehlbar ist. Auch er kann sich nur auf die Nase verlassen, und zwar weniger auf seine eigene als auf die des Vogels: Das nestjunge Weibchen trägt um die Nasenlöchlein einen unscheinbaren weißen Ring, der dem Männchen fehlt. Das ist jedoch auch nicht immer ein zuverlässiges Indiz.

Die Anekdote beweist aber auch noch ein Drittes: Es ist ziemlich egal, ob Sie als reiner Amateur, der sich für einen Einzelvogel entschieden hat, einen männlichen oder weiblichen Wellensittich erstehen. Hauptsache, der oder die Auserwählte gefällt Ihnen auf Anhieb – und auf Dauer. Dessen müssen Sie sich allerdings sicher sein, denn lebende Tiere sind in aller Regel vom Umtausch ausgeschlossen.

Ein zahmer Wellensittich freut sich über den täglichen Freiflug im Zimmer

Was ein Wellensittich alles braucht

Als erstes braucht der neue Hausgenosse eine geeignete Unterkunft. Wie sie beschaffen und ausgestattet sein sollte, habe ich in der Einführung (S. 18) ausführlich dargestellt. Für die Einzelhaltung, die trotz aller berechtigten Kritik nach wie vor der Normalzustand ist, genügt ein geräumiger Wellensittichkäfig, der dem ebenso rasanten wie eifrigen Flieger ausreichend Bewegungsfreiheit läßt. Ordnen Sie deshalb die Sitzstangen so an, daß im Mittelteil möglichst viel Platz für Flugübungen bleibt, die dem Abkömmling vagabundierender Steppenvögel ein natürliches Bedürfnis sind und auf jeden Fall seiner Gesundheit dienen.

Sobald der Käfiginsasse hinreichend zutraulich geworden ist, können Sie ihm jeden Tag einen ausgiebigen Freiflug im Zimmer gewähren – unter Aufsicht und bei geschlossenen Fenstern und Türen, versteht sich. Bieten Sie ihm während dieser Spielstunden kein Futter außerhalb des Käfigs an; dann wird er um so bereitwilliger von selbst zu seinen gefüllten Näpfchen zurückkehren, wenn ihn der Hunger zu plagen beginnt.

Falls er jedoch seine Freiheit auf Zeit über Gebühr ausnutzt und die Rückkehr verweigert, dürfen Sie ihn nicht aufgeregt herumjagen oder beschimpfen. Erstens hilft das nichts, und zweitens zerstören Sie dadurch womöglich das Vertrauensverhältnis, das Sie gerade so mühsam aufgebaut haben. Warten Sie vielmehr ab, bis es dunkel wird, oder verdunkeln Sie vorübergehend das Zimmer, und merken Sie sich die Stelle, wo Sie den kleinen Ausreißer zuletzt gesehen haben. Wenn Sie sich ihm vorsichtig nähern, können Sie ihn mit der hohlen Hand vom Boden aufnehmen oder wie eine reife Frucht von seiner Sitzgelegenheit »pflücken« und unter freundlichem Zureden wieder in seine Behausung verfrachten. Diese sanfte Methode habe ich viele Male bei

Wellensittich im Anflug - eine ungewöhnliche Momentaufnahme.

den unterschiedlichsten Vögeln angewandt, und sie funktioniert fast immer schon beim ersten Versuch.

Ganz anders sieht die Sache aus, wenn unser gefiederter Freund durch einen nicht bemerkten Fensterspalt in die große Freiheit entwichen ist. Dann kann man meist alle Hoffnung fahrenlassen, ihn jemals wiederzusehen. Selbst wenn er zu seinen geliebten Menschen heimkehren möchte – was freilich sehr zweifelhaft ist, da die nomadisch lebenden Wellensittiche von Natur aus nicht standorttreu sind –, wird er im vielfenstrigen Häusermeer sein »Flugloch« niemals wiederfinden. Da helfen – vielleicht – nur noch die allbekannten Anschlagzettel mit der Aufschrift »Wellensittich entflogen ...«. Immerhin besteht die Möglichkeit, daß der umherirrende Flüchtling rechtzeitig bei tierfreundlichen Mitmenschen Zuflucht sucht und von diesen zurückgebracht wird.

Die richtige <u>Ernährung</u> des Wellensittichs ist dank seiner angestammten Genügsamkeit kinderleicht. In der freien Natur lebt er fast ausschließlich von Grassamen. Da jedoch australische Gräser bei uns nicht so leicht zu beschaffen sind, bieten die Futtermittelfirmen schon seit langem einen vollwertigen Ersatz an, ein ausgewogenes Körnergemisch, das hauptsächlich aus Kanariensaat und verschiedenen Hirsearten besteht und zudem wichtige gesundheitsfördernde Zusatzstoffe enthält. Abgepacktes »Wellensittichfutter« guter Qualität ist überall erhältlich und kann unbedenklich als Standardkost verfüttert werden.

Nur am Anfang müssen wir ein bißchen aufpassen: Der neuerworbene Jungvogel sollte wenigstens noch eine Zeitlang die gleiche Mischung bekommen, die er bisher zu sich genommen hat. Händler und Züchter haben nämlich die (kostensparende) Angewohnheit, ihr Vogelfutter selbst zu mixen, so daß es in der Zusammensetzung ein wenig von den üblichen Fertigprodukten abweichen kann. Da aber eine abrupte Nahrungsumstellung dem Sittichkind auf den Magen schlagen könnte, sollten

Sittiche sind sehr bescheidene Kostgänger, die sich mit einer guten Körnermischung begnügen

51

Für einen zahmen Sittich ist die Hand »seines« Menschen ein beliebter Sitzplatz.

sches Grünzeug – nicht zuviel, sonst bekommt er Durchfall – und ein Stückchen Apfel oder Möhre, und hängen Sie ihm ab und zu einige Rispen Kolbenhirse in den Käfig. Zwar sind die darin eingebetteten Körner auch nichts anderes als gewöhnliche Hirse, aber es macht jedem Wellensittich sichtlich Spaß, an den langen baumelnden Rispen herumzuturnen und die begehrten Samen mit seinem geschickten Schnabel systematisch herauszuklauben. Vielleicht erinnert ihn dies an das natürliche Nahrungserwerbsverhalten seiner fernen Ahnen in der australischen Wildnis. Einen ähnlichen Effekt können Sie erzielen, wenn Sie ihm im Sommer des öfteren samentragende Grashalme oder knospende Obstbaumzweige in den Käfig geben.

Eine Sepiaschale oder ein kleiner Kalkstein sollte niemals fehlen, obwohl den modernen Qualitätsfuttermischungen die notwendigen Mineralstoffe meist schon zugesetzt sind. Wenn Sie sehr feinen Vogelsand als Bodenbelag verwenden, sollten Sie sicherheitshalber immer ein Schälchen mit sogenanntem Vogelgrit bereitstellen, denn ein Sittichmagen benötigt solche winzigen »Mahlsteine« zum Zerkleinern der harten Körnerkost.

Als Bewohner von Trockenlandschaften sind Wellensittiche sehr mäßige Trinker. Dennoch sollte der Trinkautomat stets gefüllt sein, auch wenn der Vogel nur sel-

Sie sich vom Verkäufer eine Portion der gewohnten Mischung mitgeben lassen. Fügen Sie ihr nach und nach einen immer größeren Anteil eines käuflichen Fertigfutters hinzu, bis die Umgewöhnung abgeschlossen ist. Später können Sie die Marke ohne weiteres auch einmal wechseln, denn ausgewachsene Wellensittiche sind nicht mäkelig und freuen sich sogar über eine kleine Abwechslung im sonst so monotonen Speiseplan.

Was braucht Ihr Vogel sonst noch für sein leibliches Wohl? Eigentlich nichts, doch für ein paar Extras ist er trotzdem dankbar. Reichen Sie ihm regelmäßig etwas fri-

Mit ein paar Extras kann man den etwas monotonen Speisezettel auflockern

ten daran nippt. Erneuern Sie das Trinkwasser möglichst alle zwei Tage. Im Freileben baden die Sittiche gern und ausgiebig, wenn sie Gelegenheit dazu haben, aber in Gefangenschaft strafen sie unsere hygienischen Bemühungen oft mit Mißachtung. Versuchen Sie trotzdem, Ihren gefiederten Freund zum Baden zu animieren, und gehen Sie dabei so vor, wie ich es auf Seite 20 empfohlen habe.

Damit wäre alles aufgezählt, was ein Wellensittich zum Leben braucht. Nur eines fehlt noch, was für ihn fast genauso wichtig ist wie Kost und Logis. Man kann es nicht kaufen, sondern muß es selbst »produzieren« und verschenken: Zuneigung und Zuwendung. Vor allem ein einzeln gehaltener Sittich – und jeder andere Papageienvogel – hat Anspruch darauf, daß

wir uns sehr viel mit ihm beschäftigen, damit er nicht seelisch verkümmert. Am schlimmsten ist die Einsamkeit für einen alleinstehenden Vogelmann zu ertragen. Wie sehr er leidet, wenn er tagtäglich lange alleingelassen wird, sieht man ihm körperlich kaum an, wohl aber seinem gestörten Verhalten. Er wirkt entweder bedrückt und apathisch oder unnatürlich aufgekratzt, ja fast neurotisch. Sein Gebaren und seine Stimme verraten eine starke Erregung, die sich immer mehr anstaut, weil er mit niemandem »reden« kann, und er balzt ebenso hingebungsvoll wie erfolglos alle möglichen toten Gegenstände an, die wir ihm in den Käfig gehängt haben: sein eigenes Abbild im Spiegelchen, das mißtönende Glöckchen oder das Vogelpüppchen aus Plastik. Nur wer die Sehnsucht kennt, weiß, was er leidet ...

Was kann man dagegen tun? Mein erster Vorschlag: Gönnen Sie Ihrem Sittich einen geräumigen Käfig, in dem Sie zwecks Beschäftigungstherapie abwechslungsreiche Spielgeräte unterbringen können, selbstgebastelt oder fertig gekauft: Leiterchen, Schaukeln, Wippen, Kletterbäumchen, Ringe, Drehrädchen usw. Den häufig anzutreffenden Spiegel sollte man indes nicht zu einer Dauereinrichtung des Vogelheims machen, denn das Spiegelbild, in dem der Vogel einen Geschlechtspartner oder Rivalen zu erblicken glaubt, wirkt auf die Dauer sehr frustrie-

Ein Einzelvogel hat Anspruch auf viel Zuneigung und Zuwendung, damit er nicht verkümmert

Viele Wellensittiche (und andere Papageienvögel) baden gern, wenn man ihnen zeigt, wie es gemacht wird.

Einen solchen Wellensittich-spielplatz kann man kaufen oder mit etwas Geschick selber basteln.

Mit vogelgerech-tem Spielzeug kann sich der Sittich in einsamen Stunden beschäftigen

Für den Sittich ist ein Plastik-püppchen ein gewisser Trost in einsamen Stunden, aber kein vollwertiger Ersatz für einen echten gefiederten (oder zweibeinigen) Partner.

Wellensittiche und Nymphensittiche ergeben eine empfehlenswerte Kombination

Dieser Wellensittich hat im Nymphensittich einen guten Freund und Spielkameraden gefunden.

rend. Durchaus empfehlenswert ist dagegen eine komplette »Wellensittichspielanlage«, wie sie seit längerem im Handel ist. Sie kann in einem entsprechend großen Kä- fig aufgestellt werden, aber auch – in unserer Anwesenheit – außerhalb auf dem Käfig, auf dem Wohnzimmertisch oder auf der Fensterbank. Das ist für einen Wel-

55

lensittich überhaupt das Schönste: Wenn er nach den Stunden der Einsamkeit seine enge Behausung verlässt und in aller Freiheit und Selbstverständlichkeit am Leben »seiner« Familie teilhaben darf.

Mein zweiter Vorschlag ist sicherlich noch vogelfreundlicher: Bauen oder kaufen Sie eine richtige Voliere, und setzen Sie, möglichst gleichzeitig, zwei oder mehr Wellensittiche hinein, die sich rasch anfreunden und den ständigen artgemäßen Kontakt genießen. Männchen vertragen sich in der Regel sehr gut miteinander, jedenfalls meist besser als Weibchen, die sich oft etwas kratzbürstig gebärden. Auch ein Pärchen ist vertretbar, denn solange wir den beiden keine passende Nistgelegenheit zur Verfügung stellen, bleibt unerwünschter Nachwuchs mit ziemlicher Sicherheit aus.

Wenn Sie ganz sichergehen möchten, können Sie Ihrem Wellensittich auch einen Nymphensittich als Partner und Spielkameraden beigesellen. Vielfache Erfahrung hat gezeigt, daß die beiden Arten trotz des Größenunterschieds prächtig miteinander auskommen. Eine solche Gemeinschaftshaltung hat allerdings einen Nachteil, den wir um des inneren Wohlbefindens der Tiere in Kauf zu nehmen bereit sein müssen: Die erstrebte innige Beziehung zwischen Mensch und Vogel wird ein wenig beeinträchtigt, weil die gefiederten Freunde aneinander Genüge finden.

Die Gründung einer Sittichfamilie

Von allen Papageienarten in Menschenobhut ist der Wellensittich am vermehrungsfreudigsten und am leichtesten züchtbar. Selbst einem Anfänger in der Kunst der Vogelhaltung gelingt es unter günstigen Umständen, ein harmonierendes Paar zur Fortpflanzung zu bewegen. Doch bevor Sie dieses Ziel anstreben, müssen Sie sich über zwei Dinge klarwerden: Sind Sie bereit, die gesetzlich vorgeschriebenen Formalitäten (siehe S. 32) zu erfüllen, und wissen Sie im vorhinein, wie und wo Sie die Vogelkinder unterbringen?

Wenn Sie beide Fragen mit ja beantworten können, steht der Vogelhochzeit nichts mehr im Wege. Sie ist zweifellos die natürliche Erfüllung eines Vogeldaseins und überdies ein schönes Erlebnis für die großen und kleinen Betreuer. Wellensittiche sind nämlich zärtliche Freier, liebevolle und treue Ehepartner und fürsorgliche Eltern, und ihnen zuzuschauen ist eine Freude für jeden tierliebenden Menschen. Ins heiratsfähige Alter kommen die Vögel schon mit etwa neun Monaten, und die Hochzeit ist an keine bestimmte Jahreszeit gebunden, wird aber am besten ins Frühjahr verlegt.

Die wichtigste Zuchtvoraussetzung ist – neben einer gehaltvollen und abwechslungsreichen Ernährung der Ehekandidaten – die Bereitstellung von zwei passenden

Die Wellensittichzucht ist ziemlich einfach, aber nicht ganz problemfrei

Nist- oder Brutkästen zur Auswahl, die an den Schmalseiten des (großen) Käfigs ziemlich weit oben in gleicher Höhe aufgehängt werden. Die aus Holz gefertigten Kästen können Sie im Zoogeschäft kaufen oder mit geringem Aufwand selber basteln. Sie sollten ein Quer- oder besser noch ein Hochformat haben, ungefähr 13 x 13 x 25 cm messen und oben ein nach rechts oder links versetztes Einschlupfloch mit einem Durchmesser von 4–4,5 cm besitzen. Ein Sitzpflock unter der Öffnung ist praktisch, aber nicht unbedingt notwendig.

Alles andere kann man getrost den Vögeln überlassen, die bei ihrem arterhaltenden Tun, das sie mit instinktgesteuerter Zielstrebigkeit betreiben, nicht gestört werden möchten. Nachdem das Pärchen einen Nistkasten bezogen hat, beginnt das Weibchen einige Tage später mit dem Eierlegen, und zwar jeweils in einem Abstand von ein bis zwei Tagen. Das komplette Gelege umfaßt vier bis zehn Eier, im Schnitt fünf oder sechs. Als Höhlenbrüter verwenden die Wellensittiche keinerlei Nistmaterial; die Eier werden einfach auf dem nackten Boden abgelegt. Damit sie nicht durcheinanderkugeln, empfiehlt es sich, in den Nistkastenboden eine kleine Mulde einzuarbeiten.

Während das Weibchen das Gelege vom ersten Tag an eifrig bebrütet, genießt der Ehemann seine Freiheit. Immerhin sorgt er für den Lebensunterhalt seiner Partnerin, die er regelmäßig mit dem Schnabel füttert. Gelegentlich beteiligt sich auch das Männchen ein wenig am Brutgeschäft. Die Vogelkinder schlüpfen im allgemeinen nach 18 bis 20 Tagen aus den knapp 2 cm langen und 2 g schweren Eiern und sind anfangs dementsprechend winzig und hilflos. Sie wiegen nur ein einziges Gramm und sind völlig nackt und »blind«. Doch sie machen rasante Fortschritte. Etwa fünf Wochen lang hocken sie in ihrem Nest (alle Papageienvögel gehören zur Kategorie der Nesthocker) und werden von den Eltern, vor allem wiederum von der Mutter, betreut und gefüttert, hin und wieder auch noch nach dem Verlassen des Nistkastens. Es ist

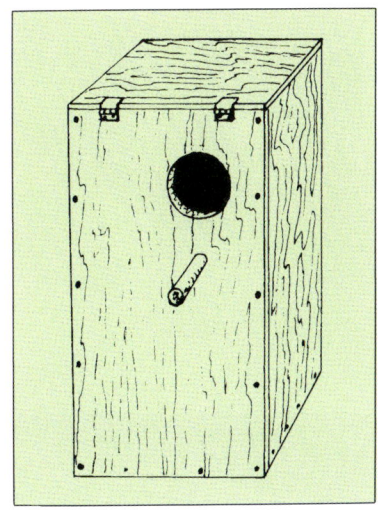

Als Höhlenbrüter benötigen die Vögel eine künstliche Höhle in Form eines Nistkastens

Ein zweckmäßiger Nist- oder Brutkasten für Wellensittiche.

Fast drei Wochen lang wird das Gelege auf dem Nistkastenboden von der Wellensittichmutter bebrütet. Das Männchen beteiligt sich nur ausnahmsweise am Brutgeschäft.

Die Entwicklung vom Ei zum Jungvogel zu verfolgen ist ein schönes Erlebnis für jung und alt

Die Sittichkinder sind geschlüpft. Sie sind, wie man sieht, unterschiedlich weit entwickelt, weil sie in eintägigen Abständen aus dem Ei kriechen.

Eine Handvoll Nestlinge. Noch sind sie auf die Fürsorge der Altvögel, vor allem der Mutter, angewiesen, doch schon bald können sie das »Elternhaus« verlassen und anderswo eine neue Heimat finden.

ein Freudentag für die ganze Menschenfamilie, wenn die stattlichen und voll befiederten Jungvögel zum erstenmal aufgereiht auf einer Stange vor der Kinderstube sitzen. Zur Aufzucht reicht man den gestreßten Altvögeln das übliche Futter und zusätzlich viel Grünzeug, Kalk und angekeimte Samen. Sehr begehrt ist Eifutter, eine Mischung aus zerkrümeltem hartgekochtem Eigelb und Zwieback. Übrigens gibt es im Fachgeschäft ein spezielles Aufzuchtfutter für Wellensittiche, das ich gerade dem Anfänger nachdrücklich empfehlen möchte.

Vielleicht haben Sie nach dem ersten Zuchterfolg Geschmack an der Sache gefunden. Dann können Sie schon bald mit einer Wiederholung rechnen, denn ein gut eingespieltes Zuchtpaar kann Sie zwei- oder gar dreimal im Jahr mit Nachwuchs beglücken. Wenn Sie sich ernsthaft als Amateurzüchter betätigen wollen, sollten Sie jedoch bald einem Verein beitreten und sich eingehend mit der einschlägigen Fachliteratur befassen, damit Ihnen die planlose »Massenzucht« nicht über den Kopf wächst.

Aber im Normalfall wird man es mit dem einmaligen Zuchtversuch bewenden lassen. Das ist bestimmt eine vernünftige Entscheidung. Wenn Sie verhindern wollen, daß Ihr Sittichweibchen schon nach einigen Monaten wieder zu brüten beginnt, nehmen Sie einfach die Nistkästen aus dem Käfig. Das ist ein einigermaßen zuverlässiges »Verhütungsmittel«. Sonst hilft nur noch die Trennung des übereifrigen Paares.

Die Vogeleltern brauchen eine besonders gehaltvolle und abwechslungsreiche Nahrung

Nymphensittiche
erkennt man sofort
an ihrer spitzen
Federhaube und
an den roten
»Bäckchen«

Nymphensittich

Robuste Nymphen

Wenn ich den Nymphensittich hier gleich nach dem allbeliebten Wellensittich und mit gebührender Ausführlichkeit vorstelle, so hat das gute Gründe. Um nur die wichtigsten zu nennen: Die »Nymphen«, wie sie von den Vogelfreunden liebevoll genannt werden, sind gleichfalls weitgehend domestiziert und stammen, sofern sie in Käfigen oder Volieren leben, ausschließlich aus Nachzuchten. Das hat den großen Vorteil, daß sie bei uns völlig akklimatisiert und stark auf den Menschen geprägt sind. Sie werden folglich rasch zahm und anhänglich, was sich freilich auch damit erklärt, daß ihnen die Natur ein sehr ausgeglichenes, friedfertiges und verträgliches Gemüt mitgegeben hat. Obendrein ist der Nymphensittich recht sprechbegabt und eine stattliche Erscheinung, die mehr hermacht als ein Wellensittich, aber gleichwohl nicht sehr viel mehr kostet, weil er sich in Gefangenschaft mühelos fortpflanzt. Der Papagei-

enexperte Curt af Enehjelm zählt ihn gar »zu den besten Zuchtvögeln überhaupt«. Ein weiterer Pluspunkt: Nymphensittiche sind eine der drei Papageienarten, für die man keine CITES-Bescheinigung braucht (siehe auch S. 39).

Der einzige Minuspunkt soll jedoch auch nicht verschwiegen werden: Die robusten Nymphen können arge Schreier sein, die bei Erregung schrille Pfeiftöne von sich geben, eine Untugend, die man ihnen – vielleicht – durch gute Erziehung etwas abgewöhnen kann. Da der Nymphensittich trotz allem noch längst nicht so allgemein bekannt ist wie der Wellensittich, muß ich ihn zunächst wohl kurz porträtieren: Die schlanken, elegant gestreckten Vögel werden 30–33 cm lang (Wellensittich nur etwa 18 cm) und tragen ein ziemlich einheitliches Federkleid, in dem die Farbe Grau in verschiedenen Schattierungen vorherrscht. Das Männchen hat einen zitronengelben Kopf mit einer ebensolchen Federhaube, deren Spitze graubraun ist, zwei große orangerote Wangenflecken, weiße Armschwingen und eine schwärzliche Schwanzunterseite. Beim Weib-

Der Nymphensittich ist ein freundlicher und friedlicher Vogel, der allerdings über eine kräftige Stimme verfügt

Zwei Nymphensittiche in der von der Natur vorgesehenen Wildfärbung.

chen wirken alle Farben etwas düsterer und die Kopfzeichnung matter; ein unverkennbares Merkmal des weiblichen Geschlechts ist außerdem die grau-weißliche Querbänderung der Schwanzunterseite. Jungvögel beiderlei Geschlechts ähneln den Weibchen. Erst im Alter von etwa neun Monaten sind sie »ausgefärbt« und eindeutig als Männchen oder Weibchen zu identifizieren.

Die Nymphensittiche kommen freilebend nur in Australien vor und bewohnen dort ungefähr den gleichen Lebensraum wie die Wellensittiche. Und wie diese führen sie in großen Schwärmen ein ungebundenes Wanderleben in den Grasfluren und Baumsavannen des Landesinnern. Sie wurden auch fast gleichzeitig mit ihren kleineren Verwandten für Europa entdeckt. Schon 1771 soll der große Seefahrer James Cook den ersten ausgestopften Nymphensittich nach England gebracht haben. Die erste Lebendeinfuhr im Jahre 1840 verdanken wir wiederum John Gould.

Doch bereits 1792 hatte der Vogel den wissenschaftlichen Artnamen *hollandicus* erhalten, der sich natürlich nicht auf Holland, sondern auf »Neuholland« bezieht, wie Australien von den frühen Entdeckern getauft worden war. Er wurde zunächst in die Gattung P*sittacus* gestellt, später aber in eine eigene Gattung *Nymphicus*, die er als einzige Art repräsentiert – ein Zeichen für seine Sonderstellung im zoolo-

Der Nymphensittich kommt wie der Wellensittich aus Australien, aber alle Käfigvögel stammen aus hiesigen Zuchten

gischen System. Sein heute gültiger wissenschaftlicher Name lautet demnach *Nymphicus hollandicus*. Doch noch in der 1866 erschienenen Erstausgabe von Brehms »Illustrirtem Thierleben« heißt er auf lateinisch *Nymphicus novaehollandiae* und auf deutsch nicht Nymphensittich, sondern Corella, Schmucksittich oder Falkenkakadu.

Ich habe dieses nomenklatorische Durcheinander, das in Wirklichkeit

noch größer war, so eingehend geschildert, um auf ein sehr interes-
santes Phänomen hinzuweisen:
Bis heute ist die systematische
Stellung des Nymphensittichs noch
immer nicht endgültig geklärt. Seiner sittichartigen Gestalt wegen
scheint er zu den Plattschweifsitti-
chen zu passen, denen auch der
Wellensittich angehört, aber einige
Merkmale deuten auf eine nähere
Verwandtschaft mit den Kakadus

Nymphensittiche werden inzwischen
in verschiedenen Farbschlägen
angeboten. Fünf davon sind hier zu
sehen: weiß, gescheckt, hellgelb,
wildfarben und geperlt.

hin, zum Beispiel die bewegliche
Federhaube, die Wangenflecken
und nicht zuletzt die Tatsache, daß
sich beide Eltern redlich das Brutgeschäft teilen, was man keiner
Sittichart nachsagen kann.

Ob der Nymphen-
sittich als Verwand-
ter der Kakadus
angesehen werden
kann, ist noch nicht
geklärt

63

Alle Nymphensittiche tragen eine aparte Kopfhaube, die Schmuck und Stimmungsbarometer zugleich ist.

Nymphensittiche werden heute in vielen verschiedenen Farbschlägen gezüchtet

Seit der Mitte des vorigen Jahrhunderts werden Nymphensittiche außerhalb ihres Heimatlandes gezüchtet, wenn auch nicht so intensiv und massenhaft wie die Wellensittiche. Deshalb hat es auch länger gedauert, bis im Zug der fortschreitenden Domestikation die ersten Spielarten bzw. Farbschläge auftraten, die sich deutlich von der oben beschriebenen wildfarbenen Stammart unterschieden.

Wenn Sie sich in verschiedenen Tierhandlungen umschauen, entdecken Sie bestimmt sehr bald einen Käfig, in dem sich nicht die vertrauten schiefergrauen Gesellen tummeln, sondern beispielsweise schneeweiße oder zartgelb schimmernde Wundervögel, die nur am unverwechselbaren gelben Kopf und Schopf und an den roten Bäckchen sofort als Nymphen zu erkennen sind. Das sind entweder echte Albinos oder sogenannte Lutinos, albinotische Tiere mit dunkelroten Augen, die erstmals 1959 in Nordamerika gezüchtet wurden. Schon einige Jahre vorher hatten die Amerikaner die ersten Schecken hervorgebracht, also Vögel mit mehr oder weniger großen weißen Partien im normalerweise grauen Federkleid. Aus den Schecken, die stets die beginnende Domestikation einer Vogelart markieren, sind dann immer hellere Farbschläge hervorgegangen, nicht nur die weißen und gelben, sondern auch silberne, zimtfarbene, geperlte und schließlich graublau angehauchte mit reinweißem Kopf.

Mit weiteren Spielarten ist zu rechnen, obwohl es vermutlich noch eine ganze Weile dauert, bis die Nymphen mit einer ähnlichen Farbenvielfalt aufwarten können wie die Wellensittiche. Aber schon heute ist die Auswahl groß genug, und es lohnt sich, vor dem Erwerb eines Nymphensittichs das Angebot vergleichend zu prüfen. Mir haben es zum Beispiel schon immer die herrlichen Weißen mit den »naturfarbenen« Köpfen besonders angetan – die lustigen roten Bäckchen möchte ich auf keinen Fall missen!

Die Zucht der weißen und sonstigen Spielarten erfordert viel Geschick und Mühe. Kein Wunder, daß diese Luxusgeschöpfe ihren Preis haben. Die höheren »Gestehungskosten« sind allerdings der einzige Grund, der uns vom Kauf abhalten könnte. In ihrem liebenswerten Wesen und ihren bescheidenen Haltungsansprüchen unterscheiden sich auch die exklusiven Zuchtformen nicht von ihren »normalen« Artgenossen.

Unterkunft und Ernährung

Wenn Sie sich nach reiflicher Überlegung für einen Nymphensittich entschieden haben – eine Entscheidung, die Sie bestimmt nicht bereuen werden –, ist die Anschaffung recht unproblematisch. Nymphen kann man heutzutage fast so mühelos erwerben wie Wellensittiche, entweder in einer Zoohandlung oder direkt bei einem Züchter. Achten Sie aber besonders darauf, daß der künftige Hausgenosse nicht nur ein gesundes Temperament und eine ebensolche Konstitution mitbringt, sondern auch möglichst jung ist. Jugendlichkeit ist die beste Voraussetzung für die gewünschte Zahmheit und Anhänglichkeit. Werfen Sie vorsichtshalber einen Blick auf den Fußring, den selbstverständlich auch jeder Nymphensittich tragen muß: Dort ist zumindest das »Geburtsjahr« eingraviert. Wenn Sie die Wahl haben, sollten Sie ein Männchen nehmen. Es bekommt nach der ersten Vollmauser nicht nur ein schöneres Federkleid, sondern läßt sich erfahrungsgemäß auch leichter zähmen und zum Sprech- oder Pfeifkünstler ausbilden. Ein älterer Vogel, der womöglich die beständige Liebe und Zuwendung eines Menschen entbehren mußte, bleibt oft scheu, ungebärdig oder gar bissig. Allerdings ist es bei Nymphensittichen im frühen Jugendstadium ziemlich schwierig, das Geschlecht eindeutig zu bestimmen. Hier müssen Sie sich schon auf den Händler oder Züchter verlassen, der Ihnen freilich auch keine absolute Garantie geben kann. Einen gewissen Anhaltspunkt bietet das Kopfgefieder, das manchmal schon bei nestjungen männlichen Tieren intensiver gefärbt ist. Übrigens: Fassen Sie auch einen ganz jungen Nymphensittich, der noch nicht zutraulich ist, immer nur mit Glacéhandschuhen an. Das ist ganz wörtlich gemeint, denn der kräftige Bursche kann Sie mit seinem scharfen Schnabel sehr schmerzhaft in den Finger zwicken! Daheim angekommen, wird der neue Hausgenosse sofort in den vorbereiteten <u>Käfig</u> gesetzt und so lange in Ruhe gelassen, bis er sich einigermaßen eingewöhnt hat und auf die ersten behutsamen Kontaktaufnahmeversuche seines neuen Besitzers nicht mehr mit Panik reagiert. Am Käfig dürfen Sie auf keinen Fall sparen. Mit Verwunderung habe ich in einem älteren Papageienbuch gelesen, daß

Sehr zu empfehlen ist die Anschaffung eines möglichst jungen Vogels

65

Der Nymphensittich ist kaum anspruchsvoller als der Wellensittich, braucht aber mehr Platz

für einen Einzelvogel schon ein Behältnis von 50 cm Länge ausreiche. Wenn man bedenkt, daß ein Nymphensittich mindestens 30 cm lang wird, liegt das Mißverhältnis auf der Hand. Nein, unser neuer Freund braucht eine geräumige Unterkunft, in der er sich nicht ständig seine herrlichen langen Schwanzfedern zerstößt und seine Flügel betätigen kann, auch wenn er regelmäßig Freiflug im Zimmer erhält. Als Mindestmaße einer Nymphenwohnung schlage ich eine Länge von 90–100 cm, eine Breite von 50–60 cm und eine Höhe von 80–90 cm vor.

Noch viel besser ist eine käufliche oder selbstgebaute Zimmervoliere mit wirklich großzügigen Abmessungen. Eine gute Alternative ist eine Freivoliere, denn die robusten Nymphen sind »winterhart« und können das ganze Jahr über draußen bleiben, sofern sie über einen warmen Schutzraum verfügen. Wenn Ihnen eine große Voliere für einen alleinstehenden Nymphensittich zu aufwendig erscheint, können Sie den friedfertigen Einzelgänger ohne Bedenken mit anderen Vögeln, auch kleineren, vergesellschaften, etwa mit Wellensittichen oder exotischen Finken.

Stellen Sie Ihrem gefiederten Freund reichlich Spielgerät zur Verfügung. Er ist von Haus aus sehr neugierig und lebhaft und benötigt deshalb immer irgendwelche interessanten Gegenstände, mit denen er sich eingehend beschäftigen kann. Notfalls ge-

nügt das übliche Wellensittichspielzeug. Sie können jedoch dem Vogel (und sich selber) eine große Freude machen, wenn Sie ihm allerlei Spielsachen aus Holz basteln: Schaukeln, Wippen, Klettergerüste, Kugeln, Ringe usw. Auch ein im Käfig oder in der Voliere aufgehängtes simples Seil aus Naturfasern, in dem Sie ein paar Knoten anbringen, ist ein ausgezeichnetes Trimmgerät. Es bietet dem Vogel die Möglichkeit, nach Herzenslust zu turnen, zu klettern, zu hangeln und zu knabbern. Der spielerischen Körperpflege dient eine Badewanne oder ein Badehäuschen in artgerechten Dimensionen. Die meisten Nymphen baden nämlich gern, sogar täglich, sobald sie sich an die künstliche Wasserstelle gewöhnt haben.

An seine Ernährung stellt der aus kargen Steppenlandschaften stammende Nymphensittich nur geringe und leicht zu erfüllende Ansprüche. In seiner Heimat lebt er hauptsächlich von Grassamen, bei uns ist sein Tisch reicher gedeckt. Sonnenblumenkerne, Hirse, Kanariensaat, Hafer, Weizen und diverse Nüsse stehen auf seinem Speisezettel. Da Sie vermutlich das Vogelmenü nicht selber zusammenstellen wollen oder können, verwenden Sie am besten ein gutes Fertigfutter für Nymphensittiche. Als Beilage zu dieser Standardnahrung sollten Sie regelmäßig sauberes Grünzeug, kleingeschnittene Äpfel oder Möhren, eventuell auch etwas eingeweich-

Eine Nymphe vor dem Start. Die Vögel sind gute Flieger und genießen den Freiflug im Zimmer.

tes altes Weißbrot, zerkrümeltes Eigelb oder ein Löffelchen Magerquark servieren. Frische Zweige zum Beknabbern, eine Sepiaschale oder ein Kalkstein sowie Trinkwasser, das alle zwei Tage erneuert werden sollte, dürfen nicht fehlen.

Verhalten und Fortpflanzung

Nymphensittiche verfügen über ein reicheres Verhaltensrepertoire als der fast vollständig domestizierte Wellensittich mit seinen relativ bescheidenen Ausdrucksmöglichkeiten. Für den Vogelbeobachter ist der Nymphensittich jedenfalls ein interessanteres Studienobjekt.

Seine Lautäußerungen können die unterschiedlichen Stimmungen und Bedürfnisse ausdrücken. Die bereits erwähnten grellen Pfeiftöne läßt er meist nur dann hören, wenn er sich alleingelassen fühlt und seine Kumpane in Vogel- oder Menschengestalt herbeirufen möchte – leider oft vergebens, was dann zu Frustration und noch größerer Lautstärke führen kann. Im vertrauten Kreise seiner »Mitmenschen« fühlt er sich dagegen sichtlich wohl und äußert sein Behagen durch angenehm klingendes Geplauder, das man mit etwas gutem Willen als »Gesang« bezeichnen könnte. Auf eine echte oder vermeintliche Bedrohung reagiert er weniger mit aufgebrachtem Geschrei als mit einschüchterndem Zischen und Fauchen.

Seine jeweilige Gemütslage zeigt der Nymphensittich jedoch nicht nur durch seine Lautsprache, son-

Ihre gute oder schlechte Laune drücken die Nymphensittiche vor allem durch Lautäußerungen aus

67

Die bewegliche Federhaube ist nicht nur Schmuck, sondern auch ein Stimmungsbarometer

dern auch durch seine Körpersprache an. Dazu bedient er sich vor allem seiner markanten Federhaube. Wenn er mit sich und der Welt zufrieden ist und ganz entspannt wie ein meditierender buddhistischer Mönch dasitzt, trägt er sie lässig zurückgelegt. Doch sobald irgend etwas seine Neugier und Aufmerksamkeit erregt, stellt er sie auf. Der nach vorn und möglichst hoch aufgerichtete Kopfschmuck ist eine Imponier- oder Drohgebärde; der Vogel will größer und gefährlicher erscheinen, als er ist. Geht seine Stimmung in eine mit Ängstlichkeit gepaarte Aggressivität über, legt er die Haube flach nach hinten an den Kopf und reißt abwehrbereit den Schnabel auf. Auch der ganze Körper verrät dann Anspannung und Erregung. Doch tätliche Angriffe sind bei einem korrekt behandelten und wohlerzogenen Nymphensittich seltene Ausnahmen. Er möchte vielmehr seine Ruhe haben und läßt auch andere in Ruhe, solange sie seinen Frieden nicht stören. Dank seinem ausgeglichenen Temperament bevorzugt er einen eher beschaulichen und leicht behäbigen Lebensstil.

Amüsant ist es, einer Nymphe bei der häufig und ausgiebig betriebenen Gefiederpflege zuzuschauen. Dabei hockt der Vogel unter komischen Verrenkungen auf seiner Sitzstange und bearbeitet mit dem geschickten Schnabel sein gesamtes Federkleid, um es von Schmutz zu säubern und anschließend wie-

der tadellos in Ordnung zu bringen. Noch erfreulicher und anrührender ist der Anblick eines Pärchens, das sich eifrig der gegenseitigen Gefiederpflege widmet, die hier nicht nur eine Reinigungsmaßnahme ist, sondern auch ein ritualisiertes Mittel zur Festigung der Paarbindung.

Damit wären wir bei der Frage: Einzelhaltung oder Gemeinschaftshaltung? Letztere ist im Interesse der Tiere aus den inzwischen bekannten Gründen vorzuziehen und bei den Nymphensittichen auch durchaus möglich. In einer entsprechend großen und gut eingerichteten Unterkunft können Sie ohne weiteres zwei oder mehr gleich- oder auch verschiedengeschlechtliche Nymphen halten und sie sogar, wie gesagt, mit anderen Vogelarten zu einer gemischten Gesellschaft kombinieren. Aus der Papageiensippschaft kommt dafür allerdings nur der Wellensittich in Betracht; bei fast allen anderen Arten besteht die Gefahr, daß diese sich gegenüber den friedlichen und sanftmütigen Nymphen weniger friedfertig verhalten. Viele Krummschnäbel, ob groß oder klein, sind nämlich ziemlich unverträglich und haben die unangenehme Angewohnheit, andersartige Mitbewohner, die arglos der Ruhe pflegen, hinterrücks derb in die Füße zu zwicken. Und das ist kein Spaß mehr, sondern eine ernsthafte Beeinträchtigung des Gemeinschaftsfriedens. In dieser Hinsicht sollten Sie kein Risiko eingehen. Die ideale Lösung für einen einsamen Nymphensittich ist natürlich ein Partner des anderen Geschlechts. Sobald jedoch ein solches Paar die Liebe zueinander und überdies eine brauchbare Nistgelegenheit entdeckt, müssen Sie schon bald mit Nachwuchs – und den diesbezüglichen bürokratischen Komplikationen – rechnen.

Dafür werden Sie freilich reich belohnt durch das Erlebnis des interessanten Fortpflanzungsverhaltens. Der verliebte Sittichmann umwirbt seine Gefährtin mit zärtlichem Gefiederkraulen, das ebenso zärtlich erwidert wird, mit drollig trippelnden Tanzschritten, artigen Verbeugungen, einschmeichelnden Pfeiftönen sowie einer überaus eindrucksvollen Zurschaustellung seines prächtigen Federkleids, das er immer wieder abspreizt oder in rasanten Balzflügen vorführt.

Schon vor der eigentlichen Balz hat das Männchen seine Partnerin einige Male in den von ihm ausgewählten Nistkasten gelockt, in dem sie nach erfolgter Kopulation, die man mit etwas Glück direkt beobachten kann, hintereinander vier bis sieben Eier ablegt. Der Kasten sollte ein wenig größer als die normale Wellensittich-Kinderstube sein und ein Schlupfloch mit einem Durchmesser von 8–9 cm haben.

Beim Brüten lösen sich die beiden Elternteile nach einem festen Zeitplan ab: Gewöhnlich sitzt der Vater

Ein Nymphensittich-Brutpaar im geperlten Federkleid. Die Zucht ist bei dieser Art auch dem Anfänger möglich.

vom frühen Morgen bis gegen Abend auf dem Gelege, während die Mutter die Nachtschicht übernimmt. Die Brutdauer beträgt 18–20 Tage. Nach vier bis fünf Wochen sind die Jungen flügge und verlassen das Nest, werden aber noch etwa drei oder vier Wochen lang von ihren treusorgenden Eltern gefüttert. Unterdessen werden Sie hoffentlich die notwendigen Formalitäten erledigt und gute Plätzchen für die reizenden Jungvögel gefunden haben!

Nymphensittiche sind gute Liebhaber und ebenso gute Eltern

Die Unzertrenn-
lichen oder
Agaporniden
sind ungefähr so
groß wie Wellen-
sittiche, wirken
aber kräftiger
und stämmiger

Unzertrennliche

Charmante Liebesvögel

Nach den beiden langschwänzigen Sittichen aus Australien wenden wir uns nun einer Gruppe von afrikanischen Krummschnäbeln zu, die der landläufigen Vorstellung von einem »richtigen« Papagei viel eher entsprechen. Es sind allerdings Papageien im Kleinformat, denn sie werden kaum größer als ein Spatz, wirken jedoch sehr viel stämmiger und kompakter. Auf der Beliebtheitsskala rangieren sie verdientermaßen gleich nach den Wellen- und Nymphensittichen auf dem dritten Platz, was sicherlich auch damit zusammenhängt, daß die gängigsten und pflegeleichtesten Vertreter seit langem in großer Zahl nachgezogen werden und fast ausschließlich aus heimischen Zuchten stammen. Jedenfalls ist kein tierschutzbewußter Vogelfreund, der es mit ihnen versuchen will, auf Wildfangimporte angewiesen.

Pfirsichköpfchen, auch Fischers Unzertrennliche genannt, in der wildfarbenen Standardausführung. Die Geschlechter sind schwer zu unterscheiden.

Diese empfehlenswerten Hausgenossen gehören allesamt einer einzigen Gattung an: *Agapornis*. In dem Namen stecken die beiden griechischen Begriffe »agape« (Liebe) und »ornis« (Vogel). Der gelehrte Namengeber muß ein ziemlich prüder Mensch gewesen sein, da er sich für das Wort »Agape« entschied, das die platonische oder christliche Nächstenliebe bezeichnet. Was aber die temperamentvollen Vögel umtreibt und aneinanderbindet, ist wohl eher der Eros oder Sexus!

Auf deutsch heißen sie Unzertrennliche oder vornehmer Agaporniden – in Anlehnung an den wissenschaftlichen Gattungsnamen. Die Franzosen nennen sie Inséparables, was gleichfalls mit Unzertrennliche zu übersetzen ist, und die Angelsachsen Lovebirds, Liebesvögel.

Die Namen deuten an, was diese Kleinpapageien von den anderen Krummschnäbeln unterscheidet: Bei ihnen ist die Paarhaltung geradezu obligatorisch. Man hat übrigens auch kaum eine andere Wahl; ich habe jedenfalls noch nie erlebt, daß ein Händler oder Züchter einen einzelnen Agaporniden an-

Unzertrennliche sollte man, wie schon der Name andeutet, stets paarweise halten

71

geboten hätte. Daß jedoch ein Einzelvogel, der keinen Partner besitzt oder ihn verloren hat, vor lauter Kummer dahinsiecht oder gar stirbt, ist eine fromme Legende, die sich seit Jahrzehnten um die Unzertrennlichen rankt. Ich kenne einen »Witwer«, der seit Jahren allein lebt und trotzdem gesund und munter ist. Auch wenn man per Zufall einen ganz jungen Einzelvogel findet und ihm durch viel Zuwendung den gefiederten Gefährten ersetzt, wird er sich durchaus wohl fühlen und sich viel enger an seinen Betreuer anschließen als ein auf sich selbst bezogenes Pärchen. Doch »sprechen« wird er trotzdem nicht lernen, denn in dieser Hinsicht sind alle Agaporniden offenbar hoffnungslos unbegabt.

Wie dem auch sei, die Unzertrennlichen sind ausgesprochen liebebedürftige und liebenswerte Geschöpfe, die in ihrer Zweisamkeit nicht gestört werden möchten. Etwaige Mitinsassen, ob artgleich oder gar artfremd, werden erbarmungslos verfolgt und schikaniert. Mit dem kräftigen Schnabel der kleinen Kerle, der vor allem gegen die Zehen der Störenfriede eingesetzt wird, ist wahrlich nicht zu spaßen!

Die wahre Liebe zueinander demonstrieren die beiden Tag für Tag. Ihr Dasein scheint ein einziges Techtelmechtel zu sein. Meist hocken sie eng aneinandergeschmiegt auf der Sitzstange und kraulen einander zärtlich das weiche Kopfgefieder. Alles tun sie möglichst gemeinsam: fressen, trinken, schlafen, hin und her trippeln, am Käfiggitter auf und ab klettern und ein wenig umherflattern. Streit kommt praktisch nicht vor, sofern das Zweiergespann gut eingespielt ist. Dabei spielt das Geschlecht der beiden keine entscheidende Rolle; denn gleichgeschlechtliche Partner verstehen sich im allgemeinen genauso gut wie Männchen und Weibchen. Vielfach weiß man sowieso nicht sicher, mit welchem von beiden man es zu tun hat, da die Geschlechter selbst für einen Fachmann schwer auseinanderzuhalten sind.

Was die Unterbringung und Ernährung betrifft, machen es uns die Unzertrennlichen ebenso leicht wie die Wellen- und Nymphensittiche. Weil sie sich lieber laufend, hüpfend und kletternd als fliegend fortbewegen, brauchen sie keinen allzu großen Käfig. Einem Paar genügt schon ein Fertighaus oder ein Eigenbau mit einer Länge von 70–80 cm und einer Breite von etwa 60 cm. Ich habe die Erfahrung gemacht, daß den Vögeln ein hochformatiges Gehäuse besonders willkommen ist, denn in ihm können sie ihre Kletterkünste besonders gut entfalten. Auf zusätzliches Spielzeug legen sie keinen großen Wert: Sie beschäftigen sich lieber mit sich selber! Ernährt werden die bescheidenen Kostgänger mit einer käuflichen Körnermischung für Kleinpapageien und den üblichen Obst- und

Die meisten Agaporniden reagieren ziemlich aggressiv auf artfremde Mitbewohner

Unterarten und Zuchtformen einer einzigen Art, des Schwarzköpfchens.
Das erkennt man an den auffälligen weißen Augenringen.

Grünfutterbeilagen, die freilich nicht von allen Tieren gleich geschätzt werden. Probieren Sie einfach aus, was Ihren Lieblingen am besten schmeckt. Wichtig ist jedoch, daß die knabberfreudigen Vögel stets genügend saftige Zweige vorfinden, am besten Weidenzweige. Diese dienen nicht nur als Zusatznahrung, sondern auch als Nistmaterial: Die feuchte Rinde wird abgeschält und in großen Mengen in den Brutkasten eingetragen.

Wer nun meint, die Zucht von Agaporniden, bei denen die Pärchen so eng zusammenhalten, sei ein Kinderspiel, der irrt. Ein Paar ist nämlich noch lange kein Zuchtpaar, auch wenn es aus Männchen und Weibchen besteht und wenn man ihm die schönsten Nistgelegenheiten anbietet. Einem Anfänger gelingt es jedenfalls nur aus-

An die Unterbringung und Ernährung stellen die Agaporniden keine großen Ansprüche

73

So sehen die eigentlichen Schwarzköpfchen oder »Personata« aus, wie sie in ihrer ostafrikanischen Heimat leben.

Die Zucht der Unzertrennlichen ist etwas für Fachleute

nahmsweise, ein Agapornidenpaar, das sich ansonsten pudelwohl fühlt, zur Gründung einer Familie zu veranlassen. Gott sei Dank! werden Sie vielleicht sagen, weil Sie mit einem Pärchen vollauf zufrieden sind und einen verständlichen Horror vor den sonst fälligen Formalitäten haben.

Sogar Könner haben hier zuweilen Schwierigkeiten, wie Bernhard Grzimeks köstlicher Erlebnisbericht »Jorinde blieb Joringel treu« beweist (enthalten in dem Band »Wir Tiere sind ja gar nicht so!«). Professor Grzimek erzählt darin, wie er als junger Tierarzt einmal versuchte, ein Agapornidenpaar zur Fortpflanzung zu bringen. Als es mit Jorinde und Joringel, so hießen die beiden, nicht klappen wollte, tauschte er Joringel gegen Jorungel aus – gleichfalls ohne Erfolg. Auch ein weiterer Partnertausch von Jorinde zu Jorunde

blieb folgenlos (wenn man davon absieht, daß die verstoßene Jorinde einen anderen Papagei, bei dem sie einquartiert worden war, schon in der ersten Nacht umbrachte). Danach gab der prominente Tierfreund endgültig auf und begnügte sich fortan damit, das drollige Verhalten seines zur Kinderlosigkeit verdammten Vogelpärchens zu beobachten.

Empfehlenswerte Arten und Unterarten

Die Gattung *Agapornis*, die zur Unterfamilie der Echten Papageien gehört, umfaßt insgesamt sechs (nach anderer Auffassung neun) Arten mit mehreren Unterarten. Mit einer Ausnahme, die auf Madagaskar heimisch ist, bewohnen sämtliche Agaporniden die Wald-, Busch- und Steppenlandschaften

Die blaue Spielart des Schwarzköpfchens, die schon in der Natur vorkommt und seit Jahrzehnten weitergezüchtet wird.

Afrikas südlich der Sahara. Anmutig und schönbefiedert sind sie alle, doch nicht alle können dem Vogelliebhaber, zumal dem angehenden, gleichermaßen empfohlen werden, weil sie etwas heikel und/oder schwer zu züchten sind. Beschränken wir uns also auf jene Formen, die als Zuchtvögel verhältnismäßig preiswert und regelmäßig im Handel sind.

An den Anfang stelle ich das sehr beliebte, robuste Schwarzköpfchen (*Agapornis personata*) mit seinen vier unterschiedlich gefärbten Unterarten; allen gemeinsam sind der rote Schnabel und die auffälligen nackten weißen Augenringe, die den Vögeln den häufig verwendeten Alternativnamen Masken-Unzertrennliche eingetragen haben. Das eigentliche Schwarzköpfchen (*Agapornis personata personata*), im Handel oft einfach »Personata« genannt, besitzt wie alle Agapor-

niden ein überwiegend grünes Federkleid mit dunkleren Oberschwanzdecken, eine gelbliche Brust und als besonderes Kennzeichen einen schwarzen Kopf. In freier Wildbahn leben die Schwarzköpfchen in lockeren Schwärmen zusammen, doch im Käfig sollte man unbedingt nur ein zusammengewöhntes Pärchen pflegen, denn sonst gibt es unweigerlich Raufereien.

Seit einigen Jahrzehnten ist neben der wildfarbenen Stammform eine blaue Spielart (Mutation) bekannt, die schon in der Natur auftritt und seit ihrer Entdeckung regelmäßig nachgezüchtet wird. Mittlerweile gibt es auch bereits gelbe, graue, weißliche und gescheckte Farbschläge, die sehr attraktiv ausfallen können, auf jeden Fall attraktiver als die vielen undefinierbar gefärbten Schwarzköpfchen, die das Ergebnis planloser Bastard- und

Auffällige weiße Augenringe sind das gemeinsame Merkmal aller Unterarten und Zuchtformen des Schwarzköpfchens

75

Schwarzköpfchen haben nicht immer schwarze Köpfchen, sondern meist rötliche

Die Erdbeerköpfchen sind eine Unterart des Schwarzköpfchens.

Massenzucht sind. Leider können es manche Züchter nicht lassen, der Natur ins Handwerk zu pfuschen und die verschiedenen Personata-Unterarten beliebig miteinander zu kreuzen. Achten Sie also, wenn Sie das Echte wollen, auf die von der Natur vorgesehene Farbenreinheit und -schönheit! Im übrigen muß man damit rechnen, daß die massenhaft nachgezogenen »Mischlinge« auf die Dauer etwas von ihrer angeborenen Vitalität verlieren.

Mindestens ebenso populär und apart ist das Pfirsichköpfchen (Agapornis personata fischeri), das auch Fischers Unzertrennliche oder schlicht »Fischeri« heißt. Diese Unterart mit der leuchtend orangeroten Stirn, Wange und Kehle ist vergleichsweise friedfertig und wird rasch zutraulich. Auch hier achte man auf die klaren, rei-

Die Züchter haben bei den Agaporniden eine große Farbenvielfalt hervorgebracht

Die Rosenköpfchen repräsentieren eine eigenständige Art.

nen Farben des Originals, die in der Massenzucht oft verlorengehen. Aber vielleicht gefallen Ihnen auch die harlekinbunten Vögel, die zuweilen angeboten werden.

Seltener erhältlich, aber nicht minder lobenswert sind die beiden letzten Unterarten, die etwas kleiner und zierlicher bleiben als die vorgenannten: das Erdbeerköpfchen (Agapornis personata lilianae) mit seinem kräftig roten Kopf und das Rußköpfchen (Agapornis personata nigrigenis) mit rötlich- bis schwarzbraunem Kopf. Wenn Sie das Glück haben, ein Pärchen dieser beiden Unterarten erwerben zu können, sollten Sie zugreifen. Sie werden viel Freude an ihnen haben, denn sie sind von allen Vertretern ihrer Gattung am wenigsten aggressiv und vertragen sich unter Umständen sogar mit anderen Vögeln.

Orangeköpfchenpaar. Beim Männchen (rechts) ist das Rot kräftiger.

Die Rosenköpfchen gehören zu den wenigen Papageienarten, die richtige Nester bauen

Die Farbenpalette der Unzertrennlichen ist damit noch nicht erschöpft. Ein weiterer Rotschopf, der allerdings einer anderen Art zugehört, ist das Rosenköpfchen (*Agapornis roseicollis*), in Händlerkreisen oft als »Roseicolli« oder gar »Roseikollie« bezeichnet. Diese größte Agapornidenart – sie wird immerhin etwa 17 cm lang – ist an dem von Rostrot in Blaßrosa übergehenden Kopf- und Kehlgefieder und an dem blauen Bürzel recht gut erkennbar.

Trotz des lieblichen Namens sind die Rosenköpfchen derbe, freche Gesellen mit einem unverträglichen Naturell und einer durchdringenden Stimme, die sie oft pausenlos hören lassen. Zum Ausgleich dafür sind sie sehr zählebig, ausdauernd und sogar winterhart und eignen sich gut für eine Freivoliere mit Schutzraum. Man kann sie selbstverständlich auch in einem normalen Käfig halten, doch

wenn Sie in einer hellhörigen Großstadtwohnung leben, sollten Sie sich den Kauf sorgfältig überlegen. Richtig zahm werden sie auch nur selten, es sei denn, man pflegt ausnahmsweise einen Einzelvogel, den man sehr jung erworben hat.

Ein kurioses Verhalten der Rosenköpfchen sei am Rande erwähnt, auch wenn Sie es vermutlich nie beobachten werden: Das Weibchen schafft die als Nistmaterial verwendeten Rindenstückchen und Halme nicht, wie in der Vogelwelt allgemein üblich, mit dem Schnabel ins Nest, sondern steckt sie sich ins Bürzelgefieder und baut daraus in der Bruthöhle bzw. dem Brutkasten ein überdachtes Nest. Ein so stark ausgeprägter Nestbautrieb ist ein einmaliges Phänomen in der Agapornidengattung und eine große Seltenheit in der gesamten Papageienfamilie.

Eine ähnliche Form des Nistmaterialtransports kennen wir auch beim Orangeköpfchen (*Agapornis pullaria*) und den übrigen Arten, die nicht zur Personata-Gruppe gehören und auf die ich hier nicht näher eingehen will, weil sie für den noch unerfahrenen Vogelhalter kaum in Frage kommen. Das Orangeköpfchen, leicht identifizierbar an seinem scharf abgegrenzten orangeroten Kopf- und Kehlgefieder, verdient jedoch eine lobende Erwähnung, denn es verfügt über eine sympathisch leise Zwitscherstimme und ist auch sonst von recht sanfter Gemütsart.

Graupapagei

Das »Wundertier«

Diesen Ehrennamen verdankt der afrikanische Graupapagei keinem Geringeren als A. E. Brehm, und er verdient ihn nach wie vor zu Recht, gilt er doch als der unbestrittene Star unter den »sprechenden« Papageien.

Der Graupapagei ist seit Jahrhunderten in Europa beliebt und so bekannt, daß wohl jeder Vogelfreund weiß, wie er aussieht. Für die wenigen, die ihn noch nicht kennen, füge ich einen kurzen Steckbrief an: Länge 35–40 cm, Gefieder überwiegend grau in verschiedenen pastellartigen Abstufungen, Schwanz einschließlich Ober- und Unterschwanzdecken scharlachrot, Gesicht nackt, Schnabel schwärzlich, groß und seitlich leicht zusammengedrückt, Wachshaut weiß, Füße dunkelgrau.

Diese Beschreibung bezieht sich allerdings nur auf den am häufigsten anzutreffenden eigentlichen Graupapagei, die sogenannte Nominat-Unterart *Psittacus erithacus erithacus*, der die gesamte west- und mittelafrikanische Waldregion besiedelt. Daneben gibt es noch

Gar nicht so einfach, ein Glas im Schnabel zu balancieren!

Der Graupapagei gilt als das »Sprachgenie« in der Vogelwelt

zwei weitere Unterarten, die man hierzulande nur selten zu Gesicht bekommt: den etwas größeren und dunkler gefärbten Insel-Graupapagei (P. *e. princeps*) von den Inseln Principe und Fernando Póo und den rotbraun geschwänzten Timneh-Graupapagei (P. *e. timneh*) aus Guinea, Sierra Leone und Liberia. Der Graupapagei kann zwar nicht mit tropischer Farbenpracht dienen, aber die wenigen Farben und Farbtöne, über die er verfügt, sind mit so viel ästhetischer Raffinesse verteilt, daß ein sehr harmonischer Gesamteindruck entsteht. Doch wichtiger noch: Jeder Graupapagei ist eine echte »Persönlichkeit« von geradezu menschlich anmutender Würde, Intelligenz, Originalität und hintergründiger Komik, und das hat dazu geführt, daß viele Leute in ihm den Urtyp des Papageienvogels schlechthin sehen.

Daß wir dazu neigen, jeden größeren Krummschnabel, den wir in einer Tierhandlung oder einem Zoo erblicken, spontan mit einem kurzsilbigen »Jakob!« anzureden, geht bezeichnenderweise darauf zurück, daß der Graupapagei in seiner afrikanischen Heimat Jako heißt. Übrigens hat man noch zu Brehms Zeiten diese Vogelart allgemein Jako genannt; der etwas fade Name Graupapagei kam erst später auf.

Ein Jako als Hausgenosse

Die frühen Afrikareisenden, die im 15. Jahrhundert die ersten Graupapageien nach Europa holten, hatten die Entdeckung gemacht, daß diese Vögel zutrauliche und gelehrige Gefährten des Menschen abgeben können. Denn die schwarzen Afrikaner hielten schon seit jeher Jakos wie Haustiere in ihren Hütten und brachten ihnen die jeweiligen Stammesdialekte bei.

Seit jener Zeit ist der Strom der Importe nicht mehr abgerissen, abgesehen von einer längeren Un-

terbrechung ab 1934, als der internationale Papageienhandel wegen der kurz zuvor entdeckten Psittakose (siehe S. 33) durch Einfuhrverbote streng reglementiert wurde. Doch inzwischen floriert der Handel wieder; allein rund 30 000 Graupapageien werden angeblich Jahr für Jahr in die EU-Länder eingeführt. Zwar sind diese Vögel in ihrem großen Verbreitungsgebiet noch recht häufig, und sie stehen auch noch nicht auf der Liste der gefährdeten Arten (sie verzeichnet nur die seltene endemische Unterart Insel-Graupapagei), aber auf Dauer kann keine Spezies einen solchen Aderlaß verkraften, vor allem wenn man bedenkt, daß beim Fang und auf dem Transport noch ungezählte weitere Tiere elend umkommen. Wenn Sie sich auf einen Graupapagei kaprizieren, sollten Sie deshalb nach Möglichkeit einen hier gezüchteten Vogel nehmen. Das ist freilich leichter gesagt als getan, weil die Nachzuchten die anhaltend starke Nachfrage nach diesem begehrten Krummschnabel vorerst leider noch nicht befriedigen können.

Begehrt ist er vor allem wegen seiner »Sprachkunst«, die in zahllosen Berichten und Anekdoten gerühmt wird. Man könnte damit ein ganzes Buch füllen, doch ich beschränke mich auf ein kurzes

Der hochbegabte afrikanische Graupapagei ist seit Jahrhunderten der Liebling aller Vogelhalter.

»Grau« ist nur eine
unzureichende
Farbbezeichnung
für die prächtigen
Graupapageien

Links: Keine Angst vor großen Tieren! Graupapageien sind ebenso neugierige wie selbstbewußte Vögel.

Rechts: Trotz seiner etwas plumpen Erscheinung ist der Graupapagei ein geborener Akrobat, der geschickt im Gezweig herumturnt.

Um keinen exotischen Vogel ranken sich so viele Anekdoten und Legenden wie um den Graupapagei

Zitat aus dem alten »Brehm«, das die Leistungen eines Jako ebenso treffend wie amüsant charakterisiert:

»Der Jako achtet auf alles, was um ihn her vorgeht, weiß alles zu beurteilen, gibt auf Fragen die richtige Antwort, tut auf Befehl, was ihm geheißen wird, begrüßt Kommende, empfiehlt sich Gehenden, sagt nur früh ›Guten Morgen‹ und nur abends ›Gute Nacht‹, verlangt Futter, wenn er Hunger hat. Jedes Mitglied der Familie ruft er bei seinem Namen, und das eine steht mehr bei ihm in Gunst als das andere ... Was er spricht, singt und pfeift, trägt er ganz so vor wie ein Mensch. Zuweilen zeigt er sich in Augenblicken der Begeisterung als Improvisator, und seine Rede klingt dann genau wie die eines Redners, den man von weitem hört, ohne ihn zu verstehen.« Es folgt ein seitenlanges »Verzeichnis dessen, was der Jako spricht, singt, pfeift usw.«, das ich mir aus Platzgründen leider verkneifen muß.

Wer nun sofort in die nächstbeste Zoohandlung stürzen will, um sich auch so einen Wundervogel zu besorgen, sollte seinen Übereifer bezähmen und noch ein wenig weiterlesen. Rekordleistungen, wie sie Brehm geschildert hat, sind selbst bei den klugen und lernfreudigen Graupapageien seltene Ausnahmeerscheinungen. Die überlieferten Anekdoten dürfen nicht verallgemeinert werden, denn sie stammen fast ausnahmslos aus der guten alten Zeit, und das sollte uns zu denken geben. Ich will damit beileibe nicht unterstellen, daß man früher mehr geschwindelt und uns ein nicht mehr nachprüf-

bares »Papageienlatein« aufgetischt hat. Nein, es geht mir um etwas anderes: Die alten Vogelfreunde hatten einfach weit mehr Geduld und Muße, sich mit ihren gefiederten Hausgenossen zu beschäftigen, und sie waren sicherlich auch nicht so nervös und streßgeplagt wie wir, was sich notwendigerweise auf ein sensibles Vogelgemüt auswirken muß.

Man könnte fast sagen, daß der Niedergang des papageiischen Sprechvermögens unmittelbar mit unserer schnellebigen Gegenwart zusammenhängt. Mir sind jedenfalls aus neuerer Zeit keine solchen Glanztaten bekannt, wie sie der alte Jako vollbrachte. Wer von uns kann seinem Papagei täglich zwei Stunden lang Sprachunterricht erteilen und sich auch zwischendurch intensiv mit ihm be-

fassen, wie es vom Besitzer jenes legendären Jako berichtet wird? Und wer hat auch nur annähernd so viel freie Zeit wie die Matrosen von anno dazumal, die oft monatelang mit ihren Segelschiffen unterwegs waren und ihren Krummschnäbeln die schönsten (wenn auch nicht immer die sittsamsten) Reden beibringen konnten? Die einst berühmte Spielart der wunderbar zahmen, aber fürchterlich fluchenden und schimpfenden Seemannspapageien, die im Heimathafen an nichtsahnende biedere Bürger verkauft wurden, ist ebenfalls ein Opfer des technischen Zeitalters geworden.

Mit anderen Worten: Zu hohe Erwartungen sollten Sie mit dem Erwerb eines solchen »Spottvogels« nicht verbinden, es sei denn, Sie folgen dem Vorbild der »alten Mei-

Auch ein »Meisterspötter« wie der Graupapagei braucht eine langwierige und geduldige Sprecherziehung

83

ster«. Die beste, womöglich die einzige Voraussetzung für gutes Gelingen ist – neben einer angeborenen, doch keineswegs selbstverständlichen Begabung – das jugendliche Alter des Vogels, das man am zuverlässigsten an den Augen erkennt: Bei ganz jungen Tieren ist die Iris tiefschwarz; sie wird dann immer heller, bis sie sich gegen Ende des ersten Lebensjahres strohgelb verfärbt. Einen gelbäugigen Jako zu zähmen und zum Sprechen zu bringen ist fast ein Ding der Unmöglichkeit. Die einzige Alternative ist die Übernahme eines älteren Tiers, das von seinem Vorbesitzer bereits sachkundig erzogen und geschult worden ist.

Ein ausgewachsener Graupapagei ohne menschengeprägte Manieren kann dagegen zu einer argen und jahrzehntelang andauernden Plage werden (eine Lebenserwartung von 70 Jahren ist bei dieser Art nichts Außergewöhnliches). Er läßt sich kaum anfassen, zwickt heftig mit seinem großen Schnabel, in dem gewaltige Kräfte stecken, bleibt mürrisch und launisch und stößt immer wieder seine markerschütternden Urlaute aus, die ein ganzes Wohnviertel terrorisieren können. Am Ende wird er in der Zeitung »umständehalber« zum Verkauf angeboten. Doch wir kennen jetzt die »Umstände« und lassen uns auch durch den auffallend niedrigen Preis nicht so leicht zum Kauf verführen.

Bei Graupapageien ist die Einzelhaltung die Regel, die zwar bekanntlich wenig tierfreundlich, aber aus der Sicht des Menschen ideal ist, weil sich nur ein einzeln gehaltenes Tier eng an seinen Pfleger anschließt und für dessen Sprecherziehung aufgeschlossen ist. Um zu einem angenehmen Hausfreund mit ansteckendem Humor und ohne ungebührliche Lautstärke zu werden, braucht ein alleinstehender Graupapagei sehr viel Zuwendung und Ansprache. Er ist ungeeignet für einen berufstätigen Single, sondern ein echter »Familienvogel«, der ständig vertraute Menschen um sich haben möchte, damit er seine Einsamkeit und nicht seine guten Manieren vergißt.

Im übrigen ist der Graupapagei erstaunlich anspruchslos. Er begnügt sich mit einem (käuflichen) Gemisch aus Sonnenblumenkernen, Getreidekörnern, Erdnüssen und anderen Nüssen sowie den üblichen vegetarischen Beilagen. Nur seine Unterbringung ist jedoch verhältnismäßig aufwendig: Er braucht unbedingt einen großen und stabilen kastenförmigen Papageienkäfig mit gut schließenden Türchen und fest verankerten Näpfen aus Porzellan oder Glas. Plastik oder Holz (mit Ausnahme der Sitzstäbe und der häufig erneuerten Knabberzweige) haben in der Behausung eines Graupapageis nichts zu suchen, denn diese Materialien würden in kürzester Zeit zerkleinert und zerschrotet.

Der Graupapagei benötigt einen geräumigen Käfig, ist aber im übrigen recht anspruchslos

Amazonen

Von allen Amazonen Mittel- und Südamerikas ist dies die bekannteste und beliebteste. Sie wird nach der roten Oberkante der Flügel Rotbugamazone genannt, aber in Händlerkreisen heißt sie meist Blaustirnamazone wegen ihrer auffälligen blauen Stirnpartie.

Menschenfreundliche Urwaldvögel

Mit den berüchtigten Amazonen der griechischen Mythologie haben unsere Amazonen nur sehr indirekt zu tun: Nach den antiken Kriegerinnen wurde der Amazonasstrom benannt, weil die ersten Entdecker an dessen Ufern angeblich mit kampflüsternen Eingeborenenfrauen zusammengestoßen waren. Und dem Amazonas wiederum verdanken die gefiederten Amazonen ihren lateinischen Gattungsnamen und ihren heute üblichen deutschen Namen, weil die ersten Vertreter der Gattung nämlich in den Amazonas-Urwäldern entdeckt wurden.

Die Amazonengattung *Amazona* stellt innerhalb der Unterfamilie der Echten Papageien und der Gattungsgruppe Stumpfschwanzpapageien eine sehr geschlossene Einheit dar, obwohl sie 26 einzelne Arten mit rund doppelt so vielen Unterarten umfaßt und keines-

Die Amazonen verdanken ihren Namen den Urwäldern am Amazonas, wo sie einst entdeckt wurden

85

wegs nur am Amazonas, sondern in weiten Gebieten Mittel- und Südamerikas sowie auf den Westindischen Inseln verbreitet ist. Der bevorzugte Lebensraum der meist etwa taubengroßen, kurzschwänzigen und etwas rundlich-behäbig wirkenden Vögel sind bewaldete Flußniederungen, wo sie sich fast ausschließlich im Geäst der Bäume aufhalten. Dementsprechend sind die Amazonen hervorragende Kletterer, mittelmäßige Flieger und schlechte Fußgänger. Ihr unbeholfener Watschelgang und ihre affenartige Klettergewandtheit machen auf uns Menschen einen unfehlbar komischen Eindruck.

Ihre große Popularität beruht jedoch vor allem auf ihrer Intelligenz, ihrem – freilich unterschiedlich ausgeprägten – Sprechvermögen und ihrem menschenfreundlichen, ja anschmiegsamen Naturell. Jeder, der einmal eine zahme Amazone gehalten hat, schwört darauf, daß es keinen anhänglicheren und »lieberen« Hausgenossen gibt! Doch selbst hochgradige Zahmheit ist keine absolute Gewähr dafür, daß nicht gelegentlich bei den Amazonen die Urnatur durchbricht und sich, insbesondere in Stunden der Einsamkeit, mit durchdringendem Geschrei Luft macht. In einer nicht gut schallisolierten Mietwohnung kann es unter Umständen Ärger geben.

Die Grundfarbe des samtweichen und vergleichsweise lockeren Gefieders ist bei allen Amazonen ein herrliches Smaragdgrün, das man früher zuweilen »Papageiengrün« nannte. Deshalb wurden die Vögel in älteren zoologischen Werken noch nicht als Amazonen, sondern als Grünpapageien bezeichnet. Bei den verschiedenen Arten ist das vorherrschende Grün durch Abschattierungen und andersfarbige Abzeichen vielfältig abgewandelt: hier eine hellere, dort eine dunklere Partie, an den Flügeln, am Kopf, am Hals und am Schwanz allerlei rote, rosige, blaue, weiße, gelbe oder violette Flecken, die stets ein bißchen unscharf und verwaschen wirken.

Eine einwandfreie Bestimmung der Arten und Unterarten ist in den meisten Fällen ziemlich schwierig, wie ich aus Erfahrung weiß. Es ist nun einmal so, daß sich die Tiere nicht immer nach einer schematischen Artbeschreibung oder einem zufälligen Farbfoto richten, sondern in ihren arttypischen Merkmalen eine gewisse individuelle Bandbreite aufweisen. Bei dem einen Vogel ist beispielsweise das gelbliche Stirnband ein wenig breiter oder schmaler als bei einem anderen, und schon ist man sich nicht mehr hundertprozentig sicher, ob die beiden Exemplare tatsächlich noch derselben Art oder Unterart angehören. Hinzu kommt, daß zwischen Jung- und Alttieren oder zwischen Männchen und Weibchen oft geringfügige Färbungsunterschiede auftreten, die eine eindeutige Identifizierung zusätzlich erschweren.

Zu unserem Glück haben die Or-

Die Amazonen sind durchweg sehr liebebedürftige und anschmiegsame Hausgenossen

Eine Rotbug- oder Blaustirnamazone entfaltet ihre Schwingen und damit auch ihre ganze Schönheit.

nithologen den meisten Arten einen deutschen Namen gegeben, der auf das jeweils charakteristische Farbkennzeichen anspielt. Das Glück wird jedoch dadurch ein wenig getrübt, daß die Namen nie richtig vereinheitlicht worden sind. Wenn Sie sich in den verschiedenen Vogelbüchern umsehen, stehen Sie vor einem Benennungschaos, in das man nur mit den »genormten« wissenschaftlichen Namen etwas Ordnung bringen kann. Hier sind sie wirklich unverzichtbar.

Wie der Graupapagei in Afrika, so sind auch manche Amazonen in der Neuen Welt zu beliebten Haustieren in den Eingeborenendörfern geworden. Und man sollte meinen, was den Indios recht ist, müßte auch uns Mitteleuropäern billig sein. Doch ganz so einfach kann man es sich nicht machen. Die allermeisten Amazonen, die als Jungvögel bei uns in den Handel kommen, werden zwar von ebendiesen Indios im Urwald gefangen, aufgepäppelt und einigermaßen gezähmt, aber der Fang, die Auf-

Die Unterscheidung der vielen Amazonenarten und -unterarten ist selbst für den Fachmann schwierig

Amazonen sind sehr langlebige Vögel, die über 100 Jahre alt werden können

zucht und der Überseetransport im Frachtraum eines Flugzeugs sind eine verlustreiche und oft grausame Prozedur. Experten schätzen, daß nur etwa 20 Prozent der Wildfänge ihren Bestimmungsort erreichen und daß noch weniger in den Käfigen und Volieren der Liebhaber lange genug überleben.

Den massenhaft importieren Wildfängen stehen leider nur wenige Amazonen gegenüber, die hierzulande nachgezogen worden sind. Das ist um so bedauerlicher, als es neben solchen Arten, die in ihrer fernen Heimat offenbar noch recht häufig sind, mehrere Formen gibt, deren Bestand vom Aussterben bedroht ist. Das ist allerdings nicht nur auf die bedenkenlose »Entnahme« von Vogelkindern für Liebhaberzwecke, sondern auch auf die unaufhaltsame Waldvernichtung in Mittel- und Südamerika zurückzuführen. Nicht weniger als zwölf Amazonen, also fast die Hälfte aller existierenden Arten, sind bereits im Anhang I des Washingtoner Artenschutz-Übereinkommens aufgeführt.

Wenn Sie gleichwohl dem (verständlichen) Wunsch, Ihr Leben mit einer reizenden Amazone zu teilen, nicht widerstehen können, sollten Sie sich darüber im klaren sein, daß Sie Ihr Hobby mit einem Eingriff in eine ohnehin gefährdete Vogelfauna und womöglich mit größerem Vogelleid erkaufen – und überdies mit einer stattlichen Geldsumme. Erwerben Sie auf gar keinen Fall ein Exemplar, das nicht

ordnungsgemäß beringt und nicht mit einer einwandfreien CITES-Bescheinigung ausgestattet ist. Einen weiteren Wermutstropfen kann ich Ihnen in diesem Zusammenhang nicht ersparen: Wer sich ein bißchen auskennt, der weiß, wieviel Schindluder in manchen Ländern, zumal in Lateinamerika, mit den grundsätzlich erforderlichen Ausfuhrgenehmigungen für eigentlich geschützte oder schützenswerte Tiere getrieben wird. Nicht alle Importe, die legal erscheinen, sind auch wirklich legal!

Eine für alle – die Rotbugamazone

Als Käufer und Halter einer Amazone übernehmen Sie eine große Verantwortung, nicht nur aus den vorgenannten Gründen, sondern auch wegen der ungewöhnlichen Langlebigkeit dieser Krummschnäbel, die ein Alter von 100 und mehr Jahren erreichen können. Versuchen Sie nach Möglichkeit ein hier gezüchtetes Exemplar zu bekommen, das Ihr Gewissen nicht allzusehr belastet. Noch besser wäre es selbstverständlich, Sie würden ein Zuchtpaar zusammenstellen und zur Fortpflanzung bringen, damit in Übersee ein paar Artgenossen von den Fängen der Vogelfänger verschont blieben. Doch bei allen Amazonen ist die Zucht ein schwieriges Unternehmen. Am ehesten gelingt sie noch bei der Rotbugamazone (*Amazona aesti-*

Die Surinamamazone, eine Unterart der Gelbscheitelamazone, hat ebenfalls eine lange Heimtiertradition.

va mit zwei Unterarten), deren Haltung am wenigsten bedenklich erscheint und die im Zoohandel am häufigsten anzutreffen ist. In Händler- und Liebhaberkreisen wird sie vielfach als Blaustirnama-zone bezeichnet – ein typisches Beispiel für die vorhin erwähnte nomenklatorische Unsicherheit. Die namengebenden Kennzeichen dieser etwa 35–40 cm langen Urwaldschönheit sind einerseits der

Die Rotbug- oder Blaustirnamazone wird in großer Zahl gezüchtet und kommt am häufigsten in den Handel

89

scharlachrote Flügelbug (runde Oberkante des Flügels), der allerdings bei der Unterart A. *aestiva xanthopteryx* gelb ist und einen roten Saum hat, andererseits die auffällige hellblaue Stirn. Der Name Rotbugamazone ist jedoch vorzuziehen, damit eine Verwechslung mit der seltenen und streng geschützten Blaumaskenamazone (*Amazona versicolor*), die ebenfalls als Blaustirnamazone geführt wird, ausgeschlossen ist.

Die Rotbugamazone zählt schon seit Jahrzehnten zu den bekanntesten und begehrtesten Heimpapageien, weil sie pflegeleicht und ausdauernd ist, sehr anhänglich wird und über ein beträchtliches Nachahmungstalent verfügt. Außerdem ist sie von allen Gattungsgenossen noch am preiswertesten. Eine solche zahme Amazone mit engem Familienanschluß läßt ihre wilden Naturlaute kaum noch hören und begnügt sich mit einem zärtlichen Liebesgeflüster, mit dem sie auch ihren zweibeinigen Liebhaber möglichst oft umschmeicheln möchte; seine regelmäßige Anwesenheit ist also sehr erwünscht.

Nebenbei lernt sie seine Sprache und imitiert seine gesungenen und gepfiffenen Melodien, freilich stets in einem reizend amazonenhaften Tonfall, der nicht ganz so menschenähnlich klingt wie die Stimme des Graupapageis. Es hat schon Rotbugamazonen gegeben, die ein buntgemischtes Repertoire von mehr als hundert Wörtern beherrschten. Es sei jedoch nicht verschwiegen, daß man, wenn man Pech hat, auch an einen minderbegabten oder völlig unbegabten Vogel geraten kann. Doch selbst ein solcher »Stümper« besitzt einen beträchtlichen Unterhaltungswert und entschädigt seine Familie durch sein gleichbleibend gutmütiges, reizendes Wesen.

Die Haltung, in der Regel Einzelhaltung, ist unkompliziert. Um sich entfalten zu können, braucht der Vogel einen großen und stabilen Papageienkäfig, obwohl er sich darin lieber mit Füßen und Schnabel als mit den Flügeln fortbewegt. Willkommene Abwechslung ins Amazonenleben können Sie durch einen Kletterbaum bringen, wie ich ihn auf Seite 22 beschrieben habe. Auf ihm turnt die Amazone wie ein »befiederter Affe« herum, und sehr bald kommt sie gar nicht mehr in Versuchung, ihren liebsten Aufenthaltsort flügelschlagend zu verlassen. Dennoch sollten solche Freiübungen außerhalb des Käfigs stets unter Aufsicht stattfinden, denn alle Amazonen sind ungemein neugierig und verspielt und können mit ihrem nagefreudigen, kräftigen Schnabel in kurzer Zeit viel Unheil in der Wohnung anrichten. Dagegen hilft nur Wachsamkeit – und eine gehörige Portion Humor, die ich allerdings bei jedem Menschen voraussetze, der sich mit den krummschnäbligen »Spaßvögeln« zu befassen gedenkt.

Alle Amazonen sind bescheidene Kostgänger. Ihr Standardfutter aus

Rotbugamazonen erfreuen sich auch als Stimmen- und Geräuschimitatoren bei uns großer Beliebtheit

Die Venezuelaamazone, auch Amazonenpapagei genannt, gilt als lieb, aber laut.

Sonnenblumenkernen, Getreidekörnern und verschiedenerlei Nüssen muß ständig durch Beigaben von Obst, Beeren und frischen Zweigen ergänzt werden.

Neben der hier aus guten Gründen herausgestellten Rotbugamazone sind einige weitere Amazonen ziemlich regelmäßig im Handel, die als ebenso liebenswert und anspruchslos gelten. Da wäre an erster Stelle die Gelbscheitelamazone (*Amazona ochrocephala*) zu nennen, die auch Gelbkopfamazone heißt und deren beliebteste Unterarten unter den Namen Surinamamazone (*A. o. ochrocephala*) und Großer Gelbkopf (*A. o. oratrix*) gehandelt werden. Ebenfalls eine lange Heimtiertradition haben die auch als Amazonenpapagei bezeichnete Venezuelaamazone (*Amazona amazonica*), die Blaubartamazone (*Amazona festiva*) und die Grünwangenamazone (*Amazona viridigenalis*). Keiner der genannten Vögel steht auf der Liste des Artenschutz-Übereinkommens.

Die Haltungs- und Nahrungsansprüche sind bei allen Amazonen gleich bescheiden

91

Sittiche aus aller Welt

Temperamentvolle Vogelschönheiten

Das Wort »Sittiche« ist bekanntlich ein etwas unscharfer Begriff, der keine exakt umgrenzte zoologische Einheit bezeichnet, aber in Ermangelung eines besseren Etiketts verwende ich es hier als Oberbegriff für die mannigfaltigen langschwänzigen Papageienarten, die in ihrem deutschen Namen das Wörtchen Sittich führen, obgleich sie ausnahmslos der weitverzweigten Unterfamilie der Echten Papageien (Psittacinae) angehören.

Die beiden bekanntesten Vertreter, die Wellen- und Nymphensittiche, wurden wegen ihrer herausgehobenen Stellung in der Vogelliebhaberei bereits ausführlich behandelt, doch daneben gibt es noch Dutzende andere Sittiche, von denen sich viele seit langem großer Beliebtheit erfreuen. Die wichtigsten und empfehlenswertesten Arten, die zudem regelmäßig gezüchtet werden und in ihrer Heimat nicht in ihrem Bestand gefährdet sind, möchte ich nachfolgend im einzelnen vorstellen. Um wenigstens ein bißchen Ordnung in dieses kunterbunte Sammelkapitel zu bringen, werde ich es nach den geographischen Großlebensräumen gliedern. Das ist legitim, weil die verschiedenen Gattungen jeweils nur in einem bestimmten Erdteil vertreten sind.

Alle Sittiche haben mehrere Vorzüge gemeinsam: Es sind schöne, elegante Vogelgestalten mit einem zumeist farbenprächtigen, kontrastreichen Federkleid. Sie haben durchweg viel Temperament, sind widerstandsfähig, ausdauernd und mit der üblichen Standardverpflegung leicht zu beköstigen, so daß ihre Haltung selbst einem Anfänger kaum Schwierigkeiten machen dürfte.

Sie haben jedoch aus der Sicht des Amateur-Vogelhalters auch gewisse Nachteile, die nicht unterschlagen werden sollen: Die meisten Arten sind ziemlich ungestüme Gesellen mit einer lauten, schrillen Stimme, die sie nie ganz verleugnen. Sie werden nur selten und eigentlich nur im frühen Jugendstadium so zahm und zutraulich, wie man es sich wünscht, und für das Erlernen von Menschenwörtern und sonstigen Kunststücken haben sie nicht viel übrig. Untereinander sind sie zwar gesellig, aber

Kleine Alexandersittiche, die wegen ihres eleganten Halsbandes auch Halsbandsittiche heißen.

etwaigen artfremden Mitbewohnern gegenüber mißtrauisch bis bösartig. Und sie benötigen für ihre rasanten Flugübungen, bei denen ihre Schönheit erst richtig zur Geltung kommt, eine sehr geräumige und zugleich sehr stabile Unterkunft, am besten eine Voliere. Mit einem Wort: Die größeren Sittiche sind eher dekorative »Schauvögel« als anhängliche, anschmiegsame Hausgenossen. Das sollten Sie bedenken, bevor Sie sich von der herrlichen Erscheinung dieser Vögel betören und zum Kauf verführen lassen!

Altweltliche Sittiche

In der Alten Welt, das heißt in Afrika und Asien, sind nur verhältnismäßig wenige Sittiche beheimatet, die allesamt in eine einzige Gattung gestellt wurden: *Psittacula*, zu deutsch Edelsittiche. Der deutsche Name – nicht jedoch der lateinische, der schlicht mit »Sittichlein« zu übersetzen wäre – deutet an, daß wir es hier mit einem vornehmen Vogelgeschlecht zu tun haben: Ihm entstammen nämlich die ersten Papageien, die im Abendland bekannt und beliebt

Alle größeren Sittiche sind bildschön, aber leider zuweilen ziemlich lautstark und ungestüm

93

Bei den Kleinen Alexandersittichen sind die Geschlechter gleich gefärbt, aber dennoch leicht auseinanderzuhalten: Den Weibchen fehlt das schmucke Halsband, ebenso der schwarze Augenstreifen über dem Schnabel.

Die Alexandersittiche sind nach Alexander d. Gr. benannt, der solche Vögel erstmals nach Europa gebracht hat

wurden. Welche Art aber Alexander der Große vor mehr als zwei Jahrtausenden von seinem Indienfeldzug mit heimgebracht hat, läßt sich heute nicht mehr feststellen. Zwei Arten stehen zur Wahl.

Da ist zunächst der Große Alexandersittich (Psittacula eupatria), der in sechs sehr ähnlichen Unterarten in Indien und Hinterindien verbreitet ist. Der imposante Vogel mißt mit seinem lang ausgezogenen Schwanz gut 45 cm und trägt ein überwiegend grünes Gewand, das durch schwarze Wangensäume, ein rötliches Nackenband und einen großen rotbraunen Schulterfleck aufgelockert ist. Beim unscheinbaren Weibchen fehlen diese markanten Abzeichen oder sind blasser ausgebildet.

Fast noch attraktiver ist der zweite Anwärter auf den Ruhm des abendländischen Erstimports: der Kleine Alexandersittich (Psittacula krameri), dessen sechs Unterarten in zwei Kontinenten heimisch sind, von Westafrika bis Südostchina und Sri Lanka. Dieser 40–42 cm lange Krummschnabel wird häufig Halsbandsittich genannt, weil er zum grünen Kleid ein elegant geschwungenes schwarz-rotes Halsband angelegt hat; das gilt allerdings nur für die Männchen. Es ist übrigens der einzige Edelsittich, der in Afrika lebt; doch die meisten Vögel, die in Käfigen und Volieren gepflegt werden, stammen aus Asien. Sie lassen sich leichter zähmen als ihre großen Vettern, gebärden sich dann weni-

Die zierlichen Pflaumenkopfsittiche tragen ihren Namen
zu Recht, allerdings nur die
Männchen. Die Weibchen
haben keinen so schönen
purpurroten Kopf und wir-
ken auch sonst insgesamt
etwas blasser.

ger lautstark und sind unter Umständen sogar bereit, ein wenig
sprechen zu lernen.
Beide Alexander-Arten werden inzwischen in größerer Zahl nachgezogen, so daß sich bereits einige
Spielarten in Gelb, Weiß und Blau
herausgebildet haben. Als besonders zuchtwillig erweist sich der
Kleine Alexander- oder Halsbandsittich, bei dem wir nun nicht mehr
von Importen abhängig sind.
Er benötigt deshalb auch keine
CITES-Bescheinigung (siehe S.39).
Der für mich reizvollste Vertreter
der Gattung und mit nur 35 cm zugleich der zierlichste ist der Pflau-
menkopfsittich (Psittacula cyanoce-
phala mit drei Unterarten), ein
wunderschöner Vogel, der so aussieht, als hätte er vor lauter Verle-
genheit über dieses Kompliment
einen puterroten Kopf bekommen.
Er ist der leiseste, sanfteste und
friedfertigste Edelsittich, der sich
in einer geräumigen Behausung
sogar mit artfremden Vögeln leid-
lich verträgt. Ein einzeln gehaltenes Jungtier kann recht zahm werden und auch sein bescheidenes
Sprachtalent entwickeln. Die
Zucht ist relativ einfach und wird
nur dadurch etwas erschwert, daß
man im Jugendalter die Geschlechter kaum unterscheiden
kann. Sie sind nämlich bis zur ersten Vollmauser, die erst am Ende
des zweiten Lebensjahres eintritt,
gleich gefärbt. Wenn Sie Pech haben, erstehen Sie einen angeblich
männlichen Vogel, der sich hinter-
her als Weibchen entpuppt!

Verschiedene Sit-
ticharten werden
mittlerweile regel-
mäßig nachgezogen

95

Neuweltliche Sittiche

In Mittel- und Südamerika ist die große Gattungsgruppe der Keilschwanzsittiche (Araini) zu Hause. Sie umfaßt insgesamt fast 20 Gattungen mit mehr als 80 Arten, darunter nicht nur mittelgroße Formen, deren Namen auf »Sittich« enden, sondern auch die winzigen Sperlingspapageichen und die riesigen Aras, die etwas aus dem Rahmen fallen und deswegen gesondert behandelt werden sollen. Gemeinsames Merkmal aller Keilschwanzsittiche ist der keilförmige Schwanz, der sich aus unterschiedlich langen (gestuften) und zugespitzten Federn zusammensetzt. Eine weitere Gemeinsamkeit, die uns Vogelhaltern weit weniger gefällt, ist die beachtliche Lautstärke fast aller Arten.

Wenden wir uns zunächst den Keilschwanzsittichen im engeren Sinne zu, der Gattung *Aratinga*. Ich beschränke mich auf die drei bekanntesten und beliebtesten Vertreter der Gattung, die einerseits des öfteren nachgezogen werden und zudem sehr anspruchslos und relativ preiswert sind, andererseits als üble Schreier und destruktive Temperamentsbündel nur für einen begrenzten Kreis von Liebhabern in Frage kommen. Es sei denn, man erwischt einen eben flügge gewordenen Jungvogel, der sich gut zähmen läßt und den sonst unausrottbaren Hang zum Krachschlagen verliert.

Über die systematische Stellung des Jendajasittichs scheinen sich die Gelehrten noch immer nicht ganz einig zu sein: Manche fassen ihn als eigenständige Art auf (*Aratinga jandaya*), andere nur als Unterart des Sonnensittichs (A. *solstitialis jandaya*). Wie dem auch sei, der etwa 30 cm lange Jendajasittich hat jedenfalls ein grünes, blau durchsetztes Rücken-, Flügel- und Schwanzgefieder, einen gelben Kopf mit orangefarbenen Abzeichen und häufig orangerote Brust-, Bauch- und Bürzelfedern. Er ist sicherlich der Schönste seiner Gattung.

Der Goldstirnsittich (*Aratinga aurea*), der 28 cm mißt, macht dagegen mit seinem schlichten grünen Gewand und dem namengebenden goldgelben Stirnfleck äußerlich nicht viel her, scheint aber reicher an inneren Werten zu sein. Er besitzt ein sanfteres Naturell und eine weniger aufdringliche Stimme, wird in der Jugend recht zutraulich und lernt sogar ein bißchen reden, singen und pfeifen. Ähnliche Tugenden kann man auch dem Elfenbeinsittich (*Aratinga canicularis*) nachsagen, der mit 25 cm nicht viel größer wird als ein Wellensittich. Woher er seinen aparten Namen hat, ist mir völlig unerfindlich, denn elfenbeinfarben ist an diesem unscheinbaren, vorwiegend grünen Vogel allenfalls der Schnabel.

Zur Gattung *Aratinga* wurde früher auch der ihr sehr nahestehende Nandaysittich (N*andayus nanday* oder *nenday*) gestellt. Der gut 30 cm

Vor der Stimmgewalt der süd- und mittelamerikanischen Keilschwanzsittiche sei nachdrücklich gewarnt

Goldstirnsittiche können recht zutraulich werden

Die sanftmütigen, wenn auch nicht besonders bunten Goldstirnsittiche sind sehr angenehme Hausgenossen.

lange Krummschnabel trägt zum grünblau verwaschenen »Overall« ein auffallend orangerotes Schenkelband und eine scharf abgesetzte braunschwarze Kopfmaske. Nandaysittiche können recht laut sein, doch das machen sie durch ihren gedrosselten Zerstörungstrieb und ihr possierliches Verhalten wieder gut.

Ein besonders interessanter Pflegling ist der 28–30 cm lange Mönchssittich (*Myiopsitta monachus*), der ziemlich regelmäßig und preiswert im Handel ist. Er hat eigentlich nur einen Fehler: Er bleibt selbst im zahmen oder halbzahmen Zustand ein arger Schreihals, der seinem frommen Namen wenig Ehre macht. Diesen Namen verdankt er wohl seinem etwas tristen Federkleid, das man mit einiger Phantasie mit einer Mönchskutte vergleichen kann. Oberkopf,

97

Die Kanarienflügelsittiche sehen zwar sehr sanft aus, können aber arge Schreier sein.

Mönchssittiche bauen im Gezweig freistehende Reisignester und schließen sich sogar zu Brutkolonien zusammen

Kopfseiten und Brust sind hellgrau, das übrige Gefieder überwiegend grün.

Die Mönchssittiche zeigen ein in der gesamten Papageiensippschaft einmaliges Brutverhalten, denn sie bauen mehr oder weniger kunstvolle freistehende Reisignester. Das können Sie freilich nur dann beobachten, wenn Sie mindestens ein Paar besitzen und ihm eine sehr große Freivoliere, die möglichst mit Sträuchern oder gar Bäumen bestanden sein sollte, zur Verfügung stellen. Mehrere Pärchen errichten sogar mit vereinten Kräften ein großes kugeliges Gemeinschaftsnest mit einem einzi-

Die Jendajasittiche sind stattliche, temperamentvolle Burschen mit einer lauten Stimme.

gen Eingang und verschiedenen Brutkammern, das einen Durchmesser von einigen Metern haben kann. Eine solche Koloniebildung ist im allgemeinen nur in einem Zoo zu bewundern. Doch zum Trost für den privaten Papageienfreund sei angemerkt, daß man die ausgesprochen genügsamen und widerstandsfähigen Mönchssittiche auch in einem geräumigen und stabilen Käfig halten kann, sofern der unvermeidliche Lärm die Nachbarn nicht stört.

Als letzten Südamerikaner möchte ich den Kanarienflügelsittich (Brotogeris versicolorus chiriri) empfehlen, die am häufigsten angebotene Un-

Der Mönchssittich eignet sich gut für die Freivoliere, findet sich aber auch mit einem großen Käfig ab

terart des Weißflügelsittichs. Der anmutige, nur etwa 22 cm lange Vogel ist grasgrün gefärbt und hat breite »kanariengelbe« Bänder auf den Flügeldecken. Jung erworben, kann er rascher zahm und zutraulich werden als die meisten seiner Verwandten, aber seine unangenehm laute Stimme verliert er trotzdem nicht.

Australische Sittiche

Australien ist ein Sittichparadies. Hier leben die buntesten und populärsten Sittiche überhaupt, selbst wenn man von den Spitzenkandidaten Wellen- und Nymphensittich einmal absieht. Da die australische Regierung 1960 die gesamte heimische Tierwelt mit einer Ausfuhrsperre belegt hat, stammen alle dort vertretenen Sitticharten, die in die Käfige und Volieren privater Vogelhalter gelangen, aus Nachzuchten – sofern nicht doch einzelne Wildfänge auf illegalem Weg zu uns kommen. Das Stichwort »Nachzuchten« hört jeder artenschutzbewußte Vogelfreund gern, und ebenso erfreulich ist die Tatsache, daß gerade die begehrten befiederten Australier in ansehnlicher Zahl bei uns gezüchtet werden.

Wie der Wellensittich gehören die beliebtesten Arten, die auch ein Anfänger schon mit Erfolg pflegen kann, der Gattungsgruppe der Plattschweifsittiche (Platycercini) an. An der Spitze stehen einige Vertreter der Eigentlichen Platt-

Alle in Menschenobhut lebenden australischen Sittiche stammen aus Nachzuchten

schweifsittiche (Gattung *Platycercus*), allen voran der farbenprächtige Rosellasittich (*Platycercus eximius*) mit seinen drei Unterarten. Die schönste ist der mit Recht so genannte Prachtrosella (*P. eximius ceciliae*). Mit der ursprünglichen »Pracht« ist es jedoch leider oft nicht mehr weit her, weil bei der übermäßig betriebenen Kreuzungszucht kaum noch rassereine Tiere herauskommen.

Den »farbechten« Prachtrosella erkennt man insbesondere an seiner reingelben Unterseite und an ebensolchen Rückenfedersäumen. Im übrigen hat der etwa 32 cm lange Vogel einen hochroten Kopf mit weißen Wangenflecken. Hals, Brust und Unterschwanzdecken sind ebenfalls kräftig rot. Die Flügel- und Schwanzfedern changieren in verschiedenen Blau- und Grüntönen. Wenn Sie irgendwo ein solches Prachtexemplar – mit reinem Gelb im Bauch- und Rückengefieder! – vorfinden, sollten Sie sofort zugreifen. Auf das Wörtchen »Pracht« im Namen können Sie sich dabei allerdings nicht allein verlassen, denn mit diesem verkaufsfördernden Zusatz schmücken Züchter und Händler gern auch undefinierbare Rosella-Kreuzungen. Bei einem Fehlgriff können Sie sich jedoch damit trösten, daß alle Rosellas liebenswer-

Eine wahre Augenweide sind die Prachtrosellas, vor allem das Männchen (rechts).

Die farben-
frohen Pracht-
rosellas gehö-
ren schon seit
langem zum
Standartreper-
toire der Vogel-
liebhaberei

Aus dem Sittichparadies Australien stammen die herrlichen Vögel dieser kleinen Schönheitsgalerie.

<u>Rechts:</u> Bei den Glanzsittichen ist das Männchen viel farbenfroher als das Weibchen.

<u>Rechts:</u> Die Bourkesittiche stehen zu Recht im Zentrum unserer Schönheitsgalerei. Sie sind zwar ziemlich schlicht gefärbt, aber

<u>Oben:</u> Stanleysittiche können, jung aufgezogen, sehr zahm und zutraulich werden.

<u>Rechts:</u> Pennantsittiche sind stattliche Vogelgestalten mit einem einmalig schönen Gefieder.

Links: Die Schönsittiche sind
nicht nur schön, sondern haben
auch eine vergleichsweise wohl-
klingende Stimme.

ansonsten
ideale Haus-
genossen:
leicht zähm-
und züchtbar,
außerdem
auch noch-
friedlich
und aus-
gesprochen
preiswert.

Oben: Singsittiche machen ihrem
Namen Ehre: Sie haben eine angenehme Plauderstimme.

Links: Bei den Blaßkopfrosellas
oder -sittichen tragen beide Geschlechter das gleiche Federkleid.

103

te Geschöpfe sind, die durchweg sanft und friedlich sind und eine sympathisch leise Flötenstimme haben. Alleingehaltene Jungtiere, vor allem männlichen Geschlechts, werden schnell zahm und lassen sich auch ein paar Wörter beibringen.

Eine andere Art repräsentiert, trotz des gemeinsamen deutschen Namens, der Blaßkopfrosella (*Platycercus adscitus* mit drei Unterarten), den man deshalb besser Blaßkopfsittich nennen sollte. In Größe und Verhalten entspricht er weitgehend dem Rosella, doch er unterscheidet sich deutlich von ihm durch seine blaßgelbe bis weiße Kopfpartie.

Noch zwei weitere Gattungsvertreter kann ich nachdrücklich empfehlen: den 28 cm langen und sehr hübschen Stanley- oder Gelbwangensittich (*Platycercus icterotis*) mit seinem scharlachroten Kopf- und Unterseitengefieder und dem großen gelben Wangenfleck sowie den etwas größeren und noch prachtvolleren Pennant- oder Buschwaldsittich (*Platycercus elegans*), der ein kräftig karminrotes Federkleid mit blauen Abzeichen trägt.

Einen bevorzugten Platz in der australischen Vogelschönheitsgalerie nehmen auch die verschiedenen Grassittiche der Gattung *Neophema* ein. Es sind allesamt zierliche Vogelgestalten mit einer Länge von nur 21–23 cm, wovon die Hälfte auf den eleganten Schwanz entfällt. Sie zeichnen sich nicht nur durch ihre Anmut und ihr farbenfrohes Gefieder aus, sondern auch durch ihre gute Zähm- und Züchtbarkeit, ihr sanftes Wesen und ihre angenehm flötende oder plaudernde Stimme. Fünf der insgesamt sechs Arten sind altbewährte Käfig- und Volierenvögel, die zu erschwinglichen Preisen gehandelt werden.

Stellvertretend für alle Arten und Unterarten nenne ich drei Grassittiche, die Sie bei Ihrem Vogelhändler wohl am ehesten antreffen und ohne Bedenken kaufen können. Schon die Namen sind Anreiz genug: Schönsittich (*Neophema pulchella*) heißt der erste. Leuchtend türkisblau sind bei ihm Kopf und Flügeldecken, olivgrün die Oberseite, gelb bis gelborange die Unterseite. Das Männchen trägt dazu einen hübschen rotbraunen Schulterfleck. Noch farbenprächtiger ist der Glanzsittich (*Neophema splendida*), der ähnlich aussieht, aber eine kräftig scharlachrote Kehle und Oberbrust hat. Der Dritte im Bunde der Schönlinge ist der Schmuck- oder Elegantsittich (*Neophema elegans*), ein vorwiegend olivgrüner Vogel, dessen Unterseite mehr ins Gelbliche spielt und einen orangegelben Bauchfleck aufweist. Stirnbinde und Flügelränder sind kobaltblau übermalt.

Den Grassittichen steht der Bourke- oder Rosenbauchsittich (*Neopsephotus bourkii*) so nahe, daß man ihn bis vor kurzem der Gattung *Neophema* zurechnete, obwohl er ganz anders aussieht. Sein pastell-

Die zierlichen Grassittiche empfehlen sich durch ihre Anmut, Sanftheit und angenehme Stimme artiges Federkleid enthält nicht das gewohnte Sittichgrün, sondern schimmert in sanften braunen, blauen und rosaroten Tönen. Die Beliebtheit des 22–23 cm langen Vogels kommt nicht von ungefähr: Er ist nicht nur sehr apart und relativ preiswert, sondern zählt auch zu den ausdauerndsten, gutmütigsten und friedfertigsten Papageien. Selbst mit erheblich kleineren Mitbewohnern verträgt er sich ohne weiteres. Sieht man ihn still dasitzen wie eine Nippesfigur, könnte man meinen, es fehle ihm an Temperament. Doch das liegt daran, daß wir es hier mit einem der wenigen dämmerungsaktiven Papageienvögel zu tun haben. Morgens und abends wird er erstaunlich munter und läßt dann auch seine Stimme ertönen – aber nur so laut, daß es den lieben Nachbarn nicht stört.

Noch manchem interessanten Vertreter der australischen Sittichwelt, der in meiner knappen Übersicht fehlt, wird der Vogelfreund gelegentlich in Tierhandlungen oder auf Ausstellungen begegnen, doch wenigstens einen möchte ich zum Abschluß noch vorstellen: den Singsittich (*Psephotus haematonotus*). Daß man bei einem Krummschnabel die Gesangsleistung lobend hervorhebt, ist zwar bemerkenswert, sollte jedoch keine falschen Hoffnungen erwecken. Eine Nachtigall oder ein Harzer Roller ist der Singsittich gewiß nicht. Immerhin besitzt er ein vergleichsweise wohltönendes Organ, mit dem er mal freundlich drauflosplappert, mal laute drosselähnliche Rufe ausstößt. Der etwa 28 cm große Vogel ist ein schmucker Bursche mit grüner Oberseite, gelbem Bauch, rotem Bürzel und grün-weiß-blauem Schwanz. Ein Anfänger ist mit einem pflegeleichten Singsittich auf jeden Fall sehr gut bedient.

Ausgesprochen gutmütig und verträglich ist der hübsche kleine Bourke- oder Rosenbauchsittich

105

Papageienzwerge

Einige Papageien-
arten sind so win-
zig, daß man es
kaum für möglich
halten möchte

Die kleinsten Krumm-
schnäbel der Welt

Wer sich bisher unter »echten« Papageien immer nur stattliche Vogelgestalten mit einem kräftigen
Krummschnabel und krächzender

Stimme vorgestellt hat und selbst
den Wellensittich nicht ganz für
voll nehmen will, wird nicht
schlecht staunen, wenn er erfährt,
wie winzig manche Papageienarten ausfallen können. Dabei tau-
chen sie gar nicht so selten in un-

Nicht sehr viel größer als auf dem Foto sind die Blaubürzel-Sperlingspapageien
in natura.

Im Fluge zeigt dieser männliche Blaugenick-Sperlingspapagei seine sonst verborgene Schönheit.

seren Zoogeschäften auf, und sogar für den Anfänger sind sie eine willkommene Alternative zu den gängigen größeren Krummschnäbeln. Gerade in einer Großstadtwohnung mit etwas beengten Platzverhältnissen und hellhörigen Wänden können sie sich als ideale Hausgenossen erweisen, weil sie sich mit einer bescheidenen Unterkunft zufriedengeben und nie ungebührlich laut werden. Die allerkleinsten Vertreter der Papageienfamilie werden Sie allerdings wohl nie zu Gesicht bekommen, nicht einmal im Zoo. Das sind die Spechtpapageien der Gattung *Micropsitta*, die nur auf Neuguinea und den umliegenden Inseln heimisch ist. Diese Winzlinge werden nur etwa 10 cm lang, sind also nicht größer als ein Zaunkö-

Nur zaunköniggroß werden die Spechtpapageien, die allerdings für den Vogelhalter nicht in Frage kommen

nig und noch zierlicher als eine Blaumeise. Mit ihnen brauchen wir uns hier jedoch nicht weiter befassen, da sie offenkundig in Menschenobhut nicht lange überdauern. Solange ihre Lebensansprüche und Ernährungsgewohnheiten in der freien Natur nicht gründlicher erforscht sind, scheiden sie für die Liebhaberhaltung von vornherein aus.

Nicht ganz so klein und bei weitem nicht so heikel sind hingegen einige andere Papageienzwerge, die sich als Stubenvögel seit langem bewährt haben und in unseren Breiten auch recht zahlreich nachgezogen werden.

Sperlingspapageien

Die Sperlingspapageien der Gattung *Forpus*, die ebenfalls mit dem Diminutiv »Papageichen« bedacht werden, bleiben mit 12–13 cm eigentlich noch etwas kleiner als unsere heimischen Sperlinge, haben aber deren gedrungene, rundliche Körpergestalt. Sie besitzen nur einen kurzen Schwanz, werden jedoch, wie wir gesehen haben, trotzdem der Gattungsgruppe der Keilschwanzsittiche zugeordnet. Sittichgrün ist jedenfalls ihre Grundfarbe, und ihre Heimat ist sowohl Mittel- als auch Südamerika.

Wenn Sie mit diesen reizenden Vögelchen Ihr Glück versuchen wollen, sollten Sie darauf achten, daß Sie Jungtiere aus einer guten Zucht bekommen. Frisch importierte Wildfänge, die es nach wie vor gibt, sind anfangs scheu und anfällig und gehören deshalb in die Hand eines erfahrenen Vogelpflegers, der sie sachkundig eingewöhnt. Nestjunge Sperlingspapageichen aus Nachzuchten werden, wenn man sich ausgiebig mit ihnen beschäftigt, bald zahm und zutraulich, bleiben aber fast immer ein wenig reserviert.

Als Dauerwohnsitz genügt ihnen ein normaler Wellensittichkäfig, und sie können auch wie Wellensittiche verpflegt werden, sofern das Standardfutter mit kleinen Sonnenblumenkernen angereichert wird. Kolbenhirse ist sehr begehrt, desgleichen eine regelmäßige Grünzeug- und Obstbeilage.

Die fünf Arten und ihre rund 20 Unterarten sind in Habitus und Lebensweise einander sehr ähnlich und selbst für einen Experten oft nur schwer zu unterscheiden. Bei den Zoohändlern werden sie ohnehin meist nur unter dem Sammelnamen »Sperlingspapageichen« geführt, und es kann auch Ihnen ziemlich egal sein, welcher Art die Vogelzwerge angehören, die Sie erstehen. Am häufigsten werden folgende drei Arten angeboten, deren typisches Merkmal schon aus dem jeweiligen deutschen Namen hervorgeht: Blaubürzel-Sperlingspapagei (*Forpus cyanopygius*), Grüner oder Grünbürzeliger Sperlingspapagei (*Forpus passerinus*) und Blaugenick- oder Blaunacken-Sperlingspapagei (*Forpus coelestis*).

Sperlingspapageien haben ungefähr die Größe und Statur eines Sperlings, sind aber viel attraktiver gefärbt

Papageienriesen

Aras und Blauaras

Auf die wenig bekannten und unscheinbaren Papageienzwerge folgen jetzt, gleichsam als Kontrastprogramm, die größten und spektakulärsten Mitglieder der Krummschnabelfamilie, die wohl jeder kennt – zumindest aus vielen Kreuzworträtseln – und die man pauschal als »Aras« bezeichnet. Zoologisch sieht die Sache indes etwas komplizierter aus. Der Fachmann unterscheidet zwei Gattungen, die, wie schon erwähnt, der Gattungsgruppe der Keilschwanzsittiche zugeschlagen werden. Die erste heißt wissenschaftlich *Ara* und auf deutsch ebenfalls Ara oder auch Arara. Beide Namensformen sind gleichbedeutend; welche man benutzt, ist im Grunde Ansichts- oder Geschmackssache. Die zweite Gattung umfaßt die Blauaras oder Blauararas und trägt zum Ausgleich einen besonders vertrackten wissenschaftlichen Namen: *Anodorhynchus*.

Die Gattung *Ara* besteht heute nur noch aus 15 Arten; sieben weitere sind in historischer Zeit ausgestorben bzw. ausgerottet worden. Die imposanten, farbenprächtigen Vö-

Die feinen Federsäume auf der nackten Wange sind das besondere Kennzeichen des Grünflügelaras.

gel mit den herrlichen langen Schwänzen, die sie im Flug wie eine Schleppe hinter sich herziehen, bewohnen die Urwaldregionen Mittel- und Südamerikas. Dort schweifen sie zum Teil in großen Schwärmen umher und werden manchmal sogar wegen der von ihnen angerichteten Ernteschäden rücksichtslos verfolgt.

Auf der anderen Seite hatten die Eingeborenen von jeher ein recht ungezwungen-freundliches Verhältnis zu den Großpapageien, die

Die Papageienriesen stammen allesamt aus den Urwäldern Mittel- und Südamerikas

Die Aras ge-
hören zu den
Keilschwanz-
sittichen, wie
leicht zu er-
kennen ist

in ihren Märchen und Mythen eine wichtige Rolle spielen. Schon bevor Columbus die Neue Welt entdeckte, hielten die Indios die liebenswerten Aras wie Haustiere, die nach Aussage eines Forschungsreisenden zu den verstreuten Urwaldsiedlungen gehörten »wie zu unseren Bauernhöfen die Hühner«. Die Vögel durften sich frei bewegen und auf ungestutzten Schwingen in der Umgebung umherstreifen. »Ich sah mehrere Aras«, berichtete der deutsche Südamerikaforscher Robert Hermann Schomburgk um die Mitte des vorigen Jahrhunderts, »die sich des Morgens unter die Flüge der wilden mischten, die über das Dorf hinwegflogen, und bei der Rückkehr am Abend sich wieder auf der Hütte ihres Herrn niederließen.« Das ist ein schönes Zeugnis nicht nur für die natürliche Tierliebe sogenannter »primitiver« Menschen, sondern auch für die Anhänglichkeit und Standorttreue der Aras.

Wenn nun der Vogelliebhaber meint, er könne bei den Aras sozusagen aus dem vollen schöpfen, so muß ich ihn enttäuschen. Sechs der 15 Arten sind bereits im Anhang I des Washingtoner Artenschutz-Übereinkommens verzeichnet und dürfen somit nur noch unter strengen Auflagen aus-

Die herrlichen Hellroten Aras oder Arakangas zählen nach wie vor zu den begehrtesten Großpapageien.

geführt und gehandelt werden. Außerdem ist die Zucht dieser Vögel nach wie vor sehr schwierig, so daß das Angebot an Nachzuchten gering ist. Beide Faktoren sind übrigens der Hauptgrund dafür, daß für Aras sehr hohe Preise verlangt werden, falls man sie überhaupt bekommt. Aber vielleicht haben Sie das seltene Glück, nicht nur über genügend Geld für Ihr kostspieliges Hobby zu verfügen, sondern auch einen Ara »aus zweiter Hand« erstehen zu können. Damit machen Sie sich wenigstens nicht unmittelbar eines Eingriffs in die Natur schuldig, denn der Vogel ist ja nun einmal da, und Sie können an ihm einiges gutmachen, indem Sie ihn sein langes Leben lang besonders liebevoll betreuen. Die Umgewöhnung eines solchen menschengeprägten Altvogels auf einen neuen zweibeinigen Partner ist allerdings nicht immer einfach. Aras sind zwar ebenso gescheite wie gutmütige Riesen, die im frühen Jugendalter rasch zahm werden und sich eng an ihren Betreuer anschließen, aber auf einen Besitzerwechsel reagieren sie oft mit Widerborstigkeit oder gar Aggressivität. Man braucht in jedem Fall viel Geduld und Einfühlungsvermögen.

Als Alternativen bleiben nur die Kontaktaufnahme zu einem der wenigen Züchter oder der Kauf eines legal eingeführten Exemplars. Ob Sie die letztere Möglichkeit verantworten können, ist eine ernste Gewissensfrage, denn dadurch

Die mächtigen Aras können sehr zahm und anhängliche Hausgenossen werden

Aus Artenschutzgründen ist beim Erwerb eines Aras größte Zurückhaltung geboten

würden Sie dazu beitragen, daß die ohnehin schon stark gelichteten wildlebenden Bestände noch weiter geschädigt werden. Daß der Schwarzmarkt für die so begehrten Aras weiterhin blüht, ist leider eine Tatsache. Für uns ist es wohl eine Selbstverständlichkeit, daß wir von diesem kriminellen Umgang mit gefiederten Kostbarkeiten auf keinen Fall profitieren wollen!

Nach alledem ist es merkwürdig, daß gerade eine Art, die auf der »Roten Liste« des WA steht, hierzulande am populärsten und offensichtlich auch am verbreitetsten ist. Ich meine den Hellroten Ara oder Arakanga (Ara macao), eine eindrucks- und charaktervolle Vogelpersönlichkeit mit einer Gesamtlänge von 80–90 cm und einem kräftig bunten Federkleid, wie es nur in tropischen Wäldern gedeiht. Die im Namen enthaltene Farbbezeichnung »Hellrot« vermittelt jedoch einen falschen Eindruck von dem satten Scharlachrot, das im Gefieder vorherrscht und von auffälligen goldgelben, blauen und grünen Partien unterbrochen wird. Die unbefiederten Wangen sind weißlich. Hinzu kommt ein ungewöhnlich großer und kraftvoller Schnabel, der wie die nackten Kopfseiten ein typisches Kennzeichen aller Aras ist. Daß ein solcher Prachtkerl wie der Arakanga jeden Papageienfreund begeistern muß, ist verständlich, und ich kann nur hoffen, daß sich der Wunsch, ihn zu besitzen, auf völlig legalem Weg erfüllen läßt.

Die übrigen Aras, die ich kurz vorstellen möchte, sind unter Umständen leichter zu beschaffen, weil sie vorerst noch nicht den strikten Ausfuhrbeschränkungen des Washingtoner Artenschutz–Übereinkommens unterliegen. Ebenso populär wie der Arakanga ist der ihm sehr ähnliche Grünflügelara oder Dunkelrote Ara (Ara chloroptera), der vor allem an seiner etwas dunkleren Grundfarbe und am Fehlen des großen gelben Rückenflecks zu erkennen ist.

Noch ein wenig größer als die beiden genannten Arten, nämlich 90–95 cm, wird der <u>Ararauna</u> (*Ara ararauna*), auch <u>Gelbbrustara</u> oder <u>Blaugelber Ara</u> genannt. Er gilt als der gelehrigste und zutraulichste Vertreter der Gattung, und überdies ist er sicherlich einer der schönsten. Die leuchtend blaue Oberseite des Körpers und des Schwanzes bildet einen herrlichen Kontrast zu der gelben Unterseite und zu den weißen Wangen, die mit ein paar schmalen Streifen aus

Hellrote und Dunkelrote Aras nehmen im mittelamerikanischen Tropenwald mineralhaltige Erde auf.

schwarzgrünen Federchen dekoriert sind.

Erheblich kleiner als diese Riesen ist der <u>Rotbugara</u> (*Ara severa*), der nur etwa 50 cm mißt und deshalb zuweilen als <u>Zwergara</u> bezeichnet wird. Sein nicht sonderlich attraktives Federkleid ist überwiegend grasgrün gefärbt. Die schmale Stirn, die Wangen, das Kinn und

Der Rotbugara ist vergleichsweise ein Zwerg unter lauter Riesen

Links: Der größte Ara und sicherlich einer der schönsten ist der Gelbbrustara oder Ararauna. Diese Papageienriesen können ungemein anhänglich werden und recht gut die menschliche Stimme nachahmen.

Rechts: Grünflügelaras oder Dunkelrote Aras im Zoo. In dieser relativen Freiheit können sich die geselligen Urwaldvögel gewiß besser entfalten als in einem noch so großen Käfig.

Der selten gewordene Hyazinthara ist der größte Papageienvogel der Welt

der Schwanz sind rotbraun, die Handschwingen und die Schwanzspitze blau. Aber klug und sehr anhänglich sind die Rotbugaras auch, und außerdem ist ihre Stimme nicht ganz so laut wie die der großen Verwandten.

Die zweite Gattung, die Blauaras, erwähnte ich eigentlich nur der Vollständigkeit halber. Von den drei Arten hat allein der Hyazinthara (*Anodorhynchus hyacinthinus*), mit einer Länge von fast einem Meter

der größte Papagei der Welt, eine gewisse Rolle in der Vogelliebhaberei gespielt. Die Vergangenheitsform habe ich bewußt gewählt, weil es heutzutage nahezu unmöglich geworden ist, eine solche Rarität rechtmäßig zu erwerben – es sei denn von einem langjährigen Vorbesitzer und zu einem horrenden Preis. (Auf dem schwarzen Markt werden geschmuggelte Exemplare mit rund 12 000 Mark gehandelt!) Der Hya-

zinthara ist, wie die gesamte Gattung *Anodorhynchus*, durch das WA geschützt, und das ist sehr gut so, denn die in Brasilien heimische Population soll mittlerweile auf nur 2500 Exemplare geschrumpft sein. Wer jedoch einmal einen solchen Papageienriesen gepflegt hat, rühmt seine unvergleichliche Schönheit – das ganze Federkleid erstrahlt in einem satten Kobaltblau – und seine geradezu rührende Anhänglichkeit.

Unterbringung und Ernährung

Die mächtigen Aras brauchen als Dauerwohnsitz unbedingt einen sehr großen und sehr stabilen Kä-fig aus Ganzmetall mit mindestens 3 mm starken Gitterstäben und dicken Sitzstangen aus Hartholz, die freilich auch nicht ewig halten. Der ebenso starke wie nagefreudige Schnabel wird auf Dauer auch mit dem härtesten Holz fertig. Da-

Aras verlangen wegen ihrer Größe und Schnabelkraft einen sehr geräumigen und sehr stabilen Käfig

mit sich der Käfiginsasse nicht ausschließlich mit seinen Sitzgelegenheiten beschäftigt, erhält er zusätzlich frische Aststücke zum Spielen und Zerbeißen sowie zur Vorbeugung gegen Langeweile,

die zu Frustrationen, hemmungsloser Zerstörungslust und durchdringendem Geschrei führen kann. Im Käfig beginnt auch die Zähmung des Widerspenstigen, die bei einem Jungvogel am leichte-

Unten: Auf einem solchen Ständer können zahme Aras und andere Großpapageien den Tag außerhalb des Käfigs verbringen.

Rechts: Die überwiegend grünen Rotbugaras werden auch Zwergaras genannt, weil sie »nur« 50 cm lang werden.

Ein Papageienständer muß den großen Krummschnäbeln die Urwaldbäume ersetzen

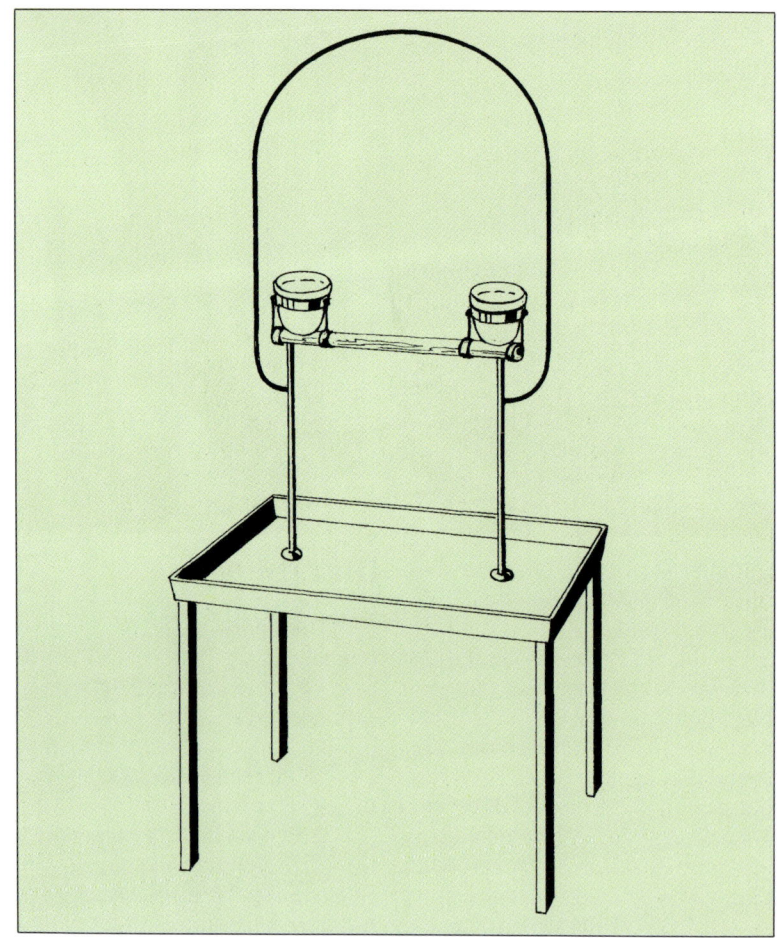

Aras sind sehr
gesellige Vögel,
die sich eng an
einen gefieder-
ten oder zwei-
beinigen Partner
anschließen

Der größte Papagei der Welt ist der prachtvolle Hyazinthara. Der wildlebende Bestand ist so zusammengeschrumpft, daß die Art für die private Vogelhaltung praktisch ausscheidet.

In Gefangenschaft können sich die Aras meist nur kletternd fortbewegen, obwohl sie hervorragende Flieger sind

sten gelingt. Sogar ein paar Wörter oder Sätzchen kann man ihm beibringen, doch das Nachahmungstalent ist bei den einzelnen Arten und Individuen unterschiedlich ausgeprägt. Völlige Zahmheit, die mit geduldiger Zuwendung stets erreicht werden kann, ist jedenfalls die wichtigste Vorbedingung für ein gedeihliches jahrzehntelanges Zusammenleben von Mensch und Ara.

Sobald das gegenseitige Vertrauensverhältnis hergestellt ist, sollten Sie Ihrem Hausgenossen nach Möglichkeit einen »Zweitwohnsitz« in Form eines Kletterbaums (siehe S. 22) oder eines sogenannten Papageienständers zur Verfügung stellen. Er wird ein solches Turngerät dankbar annehmen, denn alle Aras sind sehr kletterfreudige Baumbewohner, die auch im Freileben höchst ungern auf die Erde hinabsteigen, wo sie sich nur sehr ungeschickt fortbewegen. Die Kletterlust im Verein mit dem Horror vor dem ebenen Boden fesselt

den Vogel gleichsam mit magischer Kraft an seinen Baum oder Ständer. Aber darauf allein ist kein absoluter Verlaß. Zumindest am Anfang sollten Sie ihn zusätzlich mit einer festen Kette »fesseln«. Auch wenn er seine Kette nicht mehr ständig zu tragen braucht, die uns Menschen vermutlich noch mehr stört als den Vogel, dürfen wir ihn nie längere Zeit ohne Aufsicht lassen. Es wäre schade um die schöne Wohnungseinrichtung, die ein losgelassener Ara schnell demolieren kann!

Recht unproblematisch ist die Ernährung dieser Luxusgeschöpfe. Eine Fertigmischung für Großpapageien bildet das Standardmenü. Dazu verabreicht man regelmäßig frisches Grünzeug, saftiges Obst, Möhren, Maiskolben, Zwieback und die unentbehrlichen Knabberzweige. Wenn der Ara dann noch täglich mit einer Blumenspritze tüchtig abgebraust wird, fehlt ihm nichts mehr zum Glücklichsein – außer viel Liebe!

Kakadus

Gefiederte Schmusekatzen

Wohl jeder Vogelfreund kennt die Kakadus, und wohl jeder Kakaduhalter wird bestätigen, was einmal ein bedeutender Mann zum Lobe dieser Vögel gesagt hat: »Sie vereinigen die Zärtlichkeit der Katze, die Treue des Hundes und die Gelehrigkeit des Affen.« Schon der Name »Kakadu« (aus dem die wissenschaftliche Gattungsbezeichnung *Kakatoe*, heute *Cacatua*, hervorgegangen ist) weckt freundliche, ja erotische Empfindungen, und es ist sicher kein Zufall, daß er in Neonschrift so manches Nachtlokal schmückt.

Früher glaubte man, der Name sei, wie bei den Aras, den Naturlauten der Vögel nachgebildet. Doch mit diesem Irrtum hat bereits ein Ornithologe im vorigen Jahrhundert aufgeräumt. »Von wildlebenden Vögeln«, schreibt er, »wird das Wort ›Kakatua‹ niemals gehört, weil es erst den jung gefangenen beigebracht wird. Es ist malaiischen Ursprungs und bedeutet ›Alter Vater‹ (›Kaka‹ = Vater, ›tua‹ = alt). Vögel, die es aussprechen, stammen also entweder aus ma-

Die aufrichtbare Federhaube und das weiche Gefieder sind typisch für alle Kakadus.

laiischen Ländern oder sind jung in die Hände von Malaien gelangt.« Daneben gibt es noch eine andere Deutung, die Kurt Kolar in »Grzimeks Tierleben« mitteilt: Danach soll das Malaienwort »kakatua« mit Kneifzange zu übersetzen sein – auch keine schlechte Charakterisierung, wenn man den ungemein kraftvollen und geschick-

Die aufrichtbare Federhaube ist ein gemeinsames Kennzeichen aller Kakaduarten

119

In ihrer Heimat leben die Kakadus vielfach in riesigen Schwärmen zusammen

ten Kakaduschnabel bedenkt, dem kein Hartholz und kein Kauknochen widersteht – und auch kein Finger, mit dem ein leichtsinniger Mensch einen fremden oder ungezähmten Kakadu zu necken versucht!

Die Kakadus bilden eine ziemlich geschlossene Unterfamilie (Cacatuinae, früher Kakatoeinae) mit fünf Gattungen, sofern man den Nymphensittich hinzurechnet (vgl. dazu S. 63). Alle 17 Arten und knapp 50 Unterarten, deren unver-

wechselbares gemeinsames Kennzeichen die Federhaube ist, sind in der australasiatischen Region beheimatet, von den Philippinen über Neuguinea bis Australien und Tasmanien.

Uns Vogelhalter interessiert jedoch nur eine einzige Gattung, die der Weiß- und Schwarzschnabelkakadus (*Cacatua*). Von den zehn Arten stehen drei auf der Liste des Washingtoner Artenschutz-Übereinkommens. Die übrigen Arten sind in ihrer Heimat größtenteils

In ihrer australischen Heimat leben die Rosakakadus noch immer in großen Schwärmen.

Der zahme Inkakakadu hat seine prächtige Federhaube angelegt – ein Zeichen dafür, daß er dem Menschen, der ihn füttert, völlig vertraut.

noch sehr häufig, so daß wir kein allzu schlechtes Gewissen haben müssen, wenn einzelne Exemplare als Heimtiere »zweckentfremdet« werden. Vielfach durchstreifen sie in riesigen, oft tausendköpfigen Schwärmen die Wälder und fallen scharenweise in die Plantagen und Getreidefelder ein, so daß die Einheimischen sie als Ernteschädlinge (und auch für den Kochtopf!) bejagen.

Die Nachzucht ist bei den gängigen Arten keine Seltenheit mehr, wenn sie auch nach wie vor als schwierig gilt. Es besteht also durchaus eine Chance, Jungvögel von einem Spezialzüchter zu erwerben. Aber auch die Übernahme eines altgedienten Vogels von einem anderen Kakaduliebhaber ist eine artenschutzgerechte Alternative; Kadadus werden ja uralt (100 Jahre und mehr) und überleben deshalb oft ihren Erstbesitzer.

Am häufigsten begegnet man dem wunderschönen, etwa 50 cm langen Gelbhaubenkakadu (*Cacatua galerita* mit acht Unterarten) und dem sehr ähnlichen Gelbwangenkakadu (*Cacatua sulphurea* mit sechs Unterarten), der wegen seiner geringeren Größe (etwa 35 cm) oft auch Kleiner Gelbhaubenkakadu heißt. Beide haben ein blütenweißes Grundgefieder, das nur in der Ohrgegend gelblich überhaucht ist, und eine prächtige schwefelgelbe bis orangefarbene Federhaube. Nur eine kleine, breite Haube besitzt der nicht minder beliebte Rosa- oder Rosenkakadu (*Cacatua roseicapilla* mit drei Unterarten), ein 37 cm großer Vogel mit hellgrauer Oberseite, rosaroter Unterseite und Kopfpartie.

Wenn Sie das Exklusive lieben und auch bezahlen können, dann ist vielleicht der überaus dekorative Inkakakadu (*Cacatua leadbeateri* mit vier Unterarten) das Richtige für Sie, obwohl er sich bei uns sehr rar macht. Woher der 38–39 cm große Prachtvogel seinen zungenbrecherischen deutschen Namen hat, ist unerfindlich. Mit den Inkas der

Kakadus sind besonders zärtliche, treue und gelehrige Vögel

121

Neuen Welt hat er jedenfalls nichts zu tun, denn er stammt selbstverständlich ebenfalls aus der entgegengesetzten Weltgegend. Vielleicht hat man bei seiner Taufe an den bunten Federschmuck der amerikanischen Ureinwohner gedacht: Der herrliche rot-gelb quergebänderte Schopf des unterseits rosaroten und oberseits weißlichen Vogels hat tatsächlich einige Ähnlichkeit mit dem Federschmuck eines Indianerhäuptlings. Doch das eher scheue Wesen des Inkakakadus straft sein martialisches Aussehen Lügen. Man braucht geraume Zeit, um diese etwas ängstliche und gleichwohl lautstarke Primadonna davon zu überzeugen, daß man es gut mit ihr meint. Wenn sie das einmal eingesehen hat, erweist sie sich als ein ebenso anhänglicher und liebenswerter Hausgenosse wie die anderen Kakadus, die ich hier vorgestellt habe.

Familienanschluß dringend erwünscht

Alle Kakadus sind von Hause aus besonders gesellige Papageien. Da sie jedoch in der Regel einzeln gehalten werden (schon wegen des hohen Preises), benötigen sie sehr viel Ansprache, damit sie sich fern von ihren Artgenossen bei uns wohlfühlen und so sanftmütig und anschmiegsam werden, wie wir uns das wünschen. Ein Kakadu, der in seiner Kindheit nicht völlig

Die Lautäußerungen eines frustrierten Kakadus können als sehr störend empfunden werden

zahm geworden ist, kann zu einer Belastung ohne Ende werden.

Wenn Sie also ihrem anspruchsvollen Hausgenossen nicht sehr viel Zeit widmen können, um ihn fest in die Familiengemeinschaft zu integrieren, sollten Sie auf die Anschaffung eines Kakadus lieber verzichten. Die Enttäuschung wäre sonst für Sie ebenso groß wie für ihn. Denn der vernachlässigte Vogel würde zum »Angstbeißer« werden, was sehr schmerzhafte Folgen haben kann, und gäbe seiner Frustration durch seine markerschütternden Urlaute Ausdruck, die selbst der Papageienenthusiast Alfred Brehm als »abscheuliches Kreischen« bezeichnet und die auch einen seelisch robusten Menschen über kurz oder lang in ein Nervenbündel verwandeln können – von den mitbetroffenen Nachbarn ganz zu schweigen.

Für Vogelfreunde, die ständig oder die meiste Zeit daheim sind, kann dagegen ein Kakadu zum treuesten und unterhaltsamsten Partner werden. Am liebsten ist ihm eine einzelne Bezugsperson, die sich mehr oder weniger ausschließlich mit ihm beschäftigt, denn Kakadus sind so etwas wie »Einmannvögel«, die auf fremde oder nicht so vertraute Menschen oft ablehnend bis aggressiv reagieren. Und daß mit einem Kakaduschnabel nicht zu spaßen ist, habe ich bereits angedeutet.

Unter idealen Bedingungen wird ein Kakadu so zahm und anhänglich wie kaum ein anderer Papagei-

Kakadus können allerlei Kunststückchen lernen und treten deshalb häufig im Zirkus auf

Gelbhaubenkakadus sind sehr anschmiegsame Geschöpfe, die sich ständigen Kontakt zu ihrem Halter wünschen.

envogel. Er liebt es sehr, gekrault und beschmust zu werden, läßt sich bereitwillig allerlei Kunst- stückchen beibringen und gibt sich sichtlich Mühe, seinen zwei- beinigen Freund durch gezieltes

123

Der anmutige Rosakakadu hat nur eine kleine, breite Haube, die er aber sehr dekorativ zur Geltung bringen kann.

Einem zahmen Kakadu sollte man hin und wieder einen Freiflug im Zimmer gönnen

Wohlverhalten zu erfreuen. Nur mit dem »Sprechen« hapert es meist ein wenig; doch diese kleine Schwäche, sofern es überhaupt eine Schwäche ist, fällt bei einem so katzenzärtlichen, hundetreuen und affenschlauen Heimtier kaum ins Gewicht.

Für die Unterbringung der meisten Kakaduarten eignet sich auch eine Gartenvoliere, doch für einen Einzelvogel kommt normalerweise nur ein Käfig in der Wohnung in Betracht, da man ja ständig innigen Umgang mit seinem Hausgenossen pflegen möchte. Der Käfig muß besonders geräumig und stabil sein, denn alle Kakadus sind erstens ziemlich große und zweitens sehr zerstörungsfreudige Vögel, die mit Holz, Kunststoff, dünnem Blech oder feinem Drahtgeflecht in kürzester Zeit fertig werden. Ihre ungewöhnliche Schnabelkraft, Geschicklichkeit und Intelligenz beweisen sie auch damit, daß sie sich mühelos von einfachen Fußketten zu befreien oder den ungesicherten Verschluß ihrer Käfigtür zu öffnen verstehen. Völlig zahme Tiere

Der Rosakakadu ist ein hervorragender Flieger, doch in der Wohnung bewegt
er sich meist kletternd fort.

kann man zwischendurch – und unter Aufsicht – auch auf einem Kletterbaum oder einem Ständer unterbringen.

Ein Kakadu braucht, wie man sieht, dauernd Beschäftigung für seinen kraftvollen Schnabel. Um seinen offenbar unausrottbaren Destruktionstrieb in geordnete Bahnen zu lenken, reichen wir ihm deshalb regelmäßig frische Zweige, Aststücke oder auch feste Kauknochen aus Büffelhaut, die eigentlich für Hundezähne bestimmt sind.

Die Ernährung dieser gefiederten Aristokraten ist im übrigen unkompliziert. Sie sind genauso bescheidene Kostgänger wie ihre Verwandten. Sie bekommen ein kräftiges Fertigfutter, das neben Hirse, Kanariensaat und Hafer, verschiedene Nüsse, Sonnenblumenkerne, Hanf, Mais usw. enthält; dazu Beeren, Obst (Apfel- und Orangenschnitze werden besonders gern genommen), Möhren, Maiskolben und abwechslungsreiches Grünzeug aus Garten, Feld und Wiese.

Was die Ernährung angeht, sind die Kakadus genauso anspruchslos wie die meisten anderen Papageien

Register

Heimtiere richtig halten

Manfred und
Maria Baatz
Hunde
Die wichtigsten Rassen. Abstammung,
Merkmale, Aufgaben
150 Hunderassen mit hervorragenden
Farbfotos: Abstammung, Wesen, typische
Merkmale.

Angela Wegmann
Hunde richtig halten
Anschaffung, Pflege, Erziehung
Entscheidungshilfen für den Kauf der
geeigneten Rasse und wichtiges Basis-
wissen für den artgerechten Umgang mit
dem Hund.

Siegfried Schmitz
Aquarienfische
Merkmale, Pflege, Haltung wichtiger
Süßwasserarten
Aquarientypen, Einrichtung, Zubehör; über
100 Süßwasserfische für Warm- und Kalt-
wasser: Merkmale, Heimat, Pflege und Nah-
rung.

Rolf Spangenberg
Katzen
Haltung, Pflege, Rassen
Grundlegendes Wissen für alle, die eine
Katze haben oder anschaffen möchten:
alles über Katzenrassen und ihr Verhalten,
über artgerechte Haltung und Pflege.